AF360932

LA GRAND DANCE

MACABRE DES HOMMES

ET DES FEMMES, HISTORIE'ES ET

augmentée de beaux dicts en Latin.

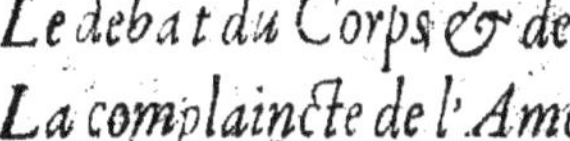

Auec {
Le debat du Corps & de l'Ame.
La complaincte de l'Ame damnée.
L'exortation de bien viure & bien mourir.
La vie du mauuais Antechrist.
Les quinze signes. Le Iugement.
}

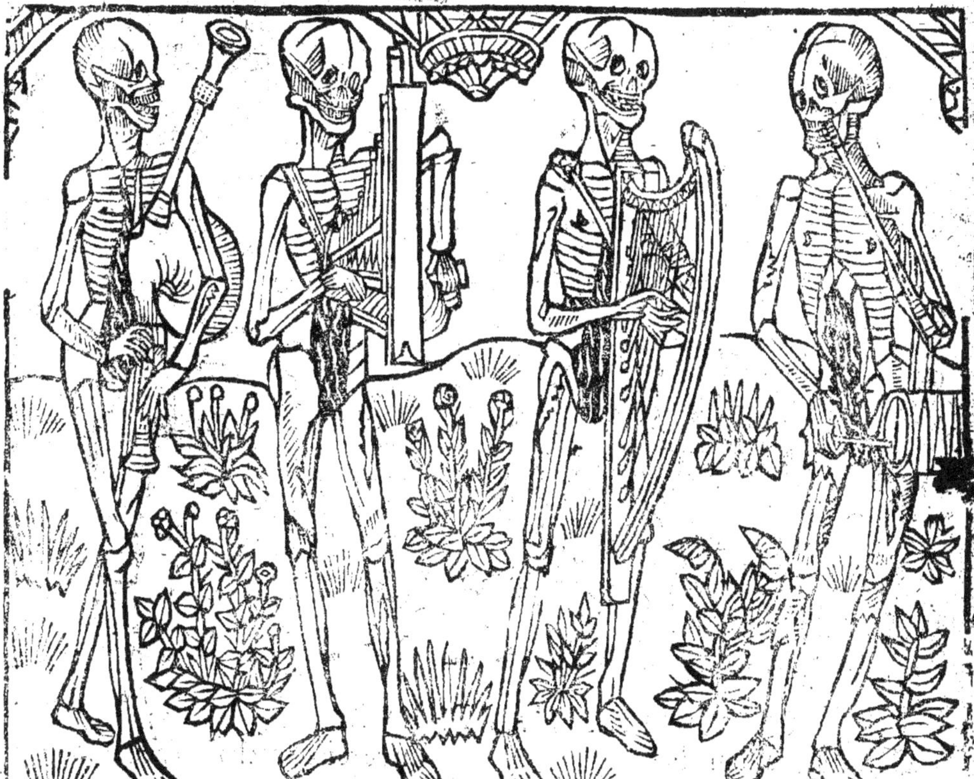

A TROYES,

Chez NICOLAS OVDOT, Imprimeur & Libraire, demeurant en la ruë noftre Dame, à l'enfeigne du Coq.

M. DC. XXXXI.

L'AVTHEVR.

O creature raisonnable   En ce mirouer chacun peut lire
Qui desire vie eternelle   Qv'il luy conuient icy dancer
Tu as icy doctrine notable   Sage est celuy qui si bien mire
Pourbien finer vie mortelle   La mort le vif faict aduancer
La dance Macabre s'appelle   Tu vois le plus grand commencer
Que chacun à dancer apprend   Car il nest nul que mort ne frere
A l'homme & femme est naturel   C'est piteuse chose y penser
mort n'espargne petit ne grand   Tout est forgé d'vne matiere.

Mors est hic homini cum tempore habi. Et semper, quadam conditione mori. Est hominis nudum
nasci nudu que reuertit. Est hominis patrere solo limoque sateri; Et miseris gradibus in cinerem
redigi & Rex opus prestantur, & famulantur ad horam, Et locuprex mane, vespere pauperit.

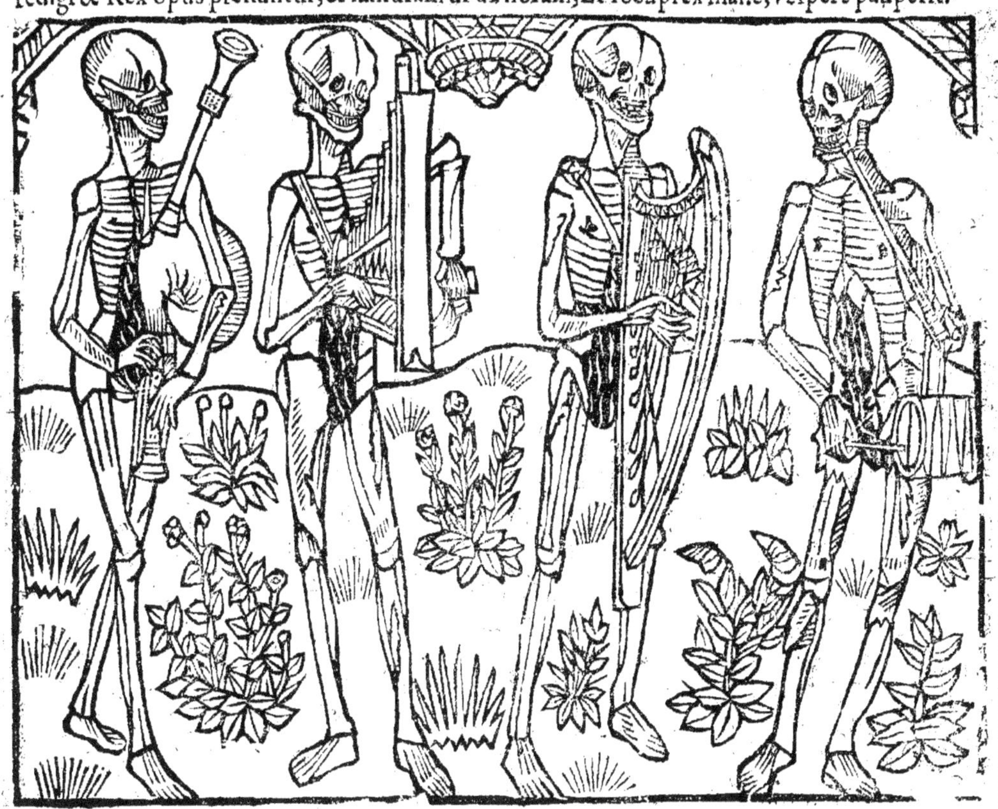

Omnia cæsar erat & gloria cæsaris esse disinit.   Et tulmutus vix erat octo pedum,

Le premier mort.

Vous qui par diuine sentence
Qui viuez en estats divers
Tous dancerez en ceste dance
Vne fois bons & peruers
Et si seront mangez de vers
Vos corps helas regardez nous
Mors pourris, puants descouuerts
Commes sommes tels serez vous.

Le second mort:

Dictes nous par qu'elles raisons
Vous ne pensez point a mourir
Quand la mort va en nos maisons
Huy l'vn demain l'autre querir
Sans qu'on vous puisse secourir
C'est mal vescu de penser
Et trop grand danger de perir
Force est qu'il faille ainsi danser.

Le tiers mort.

Entendez ce que ie vous dicts
Ieunes & vieux petits & grand
De iour en iour, selon les dicts
Des sages vous allez mourant
Car vos cœurs sont diminuant
Pourquoy serez tous trespassez
Ceux qui viuent pres de cent ans
Les cent ans seront tost passez.

Le quart mort.

Deuant qu'ils soient cent ans passez
Tous les viuans comme ie dicts
De ce monde seront passez
En enfer ou en Paradis
Mon compagnon, mais ie te dicts
Peu de gent sont qui aient cure
Des trespassez, ne de nos dicts
Le faict deux gist en aduenture.

La mort.

Vous qui viuez certainement
Quoy qu'il tarde ainsi d'ancerez
Mais quand Dieu le sçait seulement
Aduisez comme vous serez
Dame Pape vous commencerez
Comme le plus noble seigneur
En ce point honoré serez
Au grand maistres est deu l'honneur

Le Pape.

Ha faut il que la dance meine
Le premier qui suis Dieu en terre
I'ay eu dignité souueraine
En l'eglise comme sainct Pierre
Et comme autre mort me vient querre
Encore mourir ne cuidasse
Mais la mort à tous meine guerre
Peu vaut honneur qui si tost passe.

La mort.

Et vous le nom pareil du monde
Prince & seigneur grand emperier
Laisser faut la pomme d'Or ronde
Armes sceptre, timbre baniere
Ne vous laisseray pas derriere
Vous ne pouuez plus signeurie
I'emmeine tout c'est ma maniere
Les fils d'Adam faut tous mourir,

L'empereur.

Ie ne scay deuant qui i'appelle
De la mort qu'ainsi me demaine
Armer me faut de pic & Pelle
Et d'vn linceul ce m'est grand peine
Sur tout ay eu grandeur mondaine
Et mourir me faut pour tout gage
Quesse de ce mortel demaine
Le grands ne l'ont pas d'auantage.

Vado mori rubens longo quem pileus ornat
Tempore mors iuffi pallida vado mori.

Vado mori rezfumquidhonorqui gloriamundi
Eft via mors humanis rega, vado mori.

O quam dura miferos conditio vite.

La mort

Vous faictes l'esbahy fe me femble
Cardinal fus legerement
Suiuons les autres tous enfemble
Rien n'y vaut efbayffement
Vous auez vefcu hautement
Et en honneur à grand deuis
Prenez en gré l'efbatement
En grand honneur fe pert aduis.

Le Cardinal.

I'ay bien caufe m'efbahir
Quand ie me voy de fi pres pris
Plus ne veftiray vert ne gris
Chappeau rouge, chappe de pris,
Me faut laiffer à grand detreffe
Ie ne l'auoye pas appris
Tout ioye fine en trifteffe.

Hec mors humane fubiafet arbitrio,

La mort.

Venez noble Roy couronné
Renommé de force & proueffe
Iadis fuftes couronné
De grand pompe de grand nobleffe
Mais maintenant toute hauteffe
Laifferez vous n'eftes pas feul
Peu aurez de voftre richeffe
Le plus riche n'a qu'vn linceul.

Le Roy.

Ie n'ay pas apprins à danfer
A dance & notte fi fauuage
Que vaut orgueil force lignage
Mort deftruict c'eft tout fon vfage
Auffi toft le grand que le moindre
Que moins fe prife plus eft fage
En la fin faut deuenir cendre.

A iij

ado mori v deatquocurrat quisque superstes   Vado mori misero sententia durb beato
Curso habet mecum dicere vado mori.   Grata mori sequitur viuere, vado mori.

Et probus expirat probitas honestat honestas   Si fueris fortia morte cadunt.

La Mort.

Legat vous estes arresté
Dehors n'irez ie vous affie
Tenez vous seur & appresté
Pour mourir ie vous certifie
Que mort auiourd'huy vous affie
Entendez y, c'est vostre faict
En vie longue nul ne si fic
Le vouloit de Dieu sera fait.

Le Legat.

Du Pape i'auois la puissance
Se ne fust c'est empeschement
D'aller comme Legat en France
Mais faire me faut autrement
Car mourir vois quand on comment
N'en quel lieu ie ne sçay pas
Dieu est qui le sçait seulement
Mort suyt l'homme pas apres pas.

La mort.

Tres noble Duc renom auez
D'auoir faict par vostre proüesse
Par tout ou vous estes trouuez
Beaux faict d'armes & de noblesse
Monstrez cy vostre hardiesse.
Et dancez pour gaigner le pris,
Humains, mort de chasser ne cesse
Les grands souuent sont premier pris.

Le Duc.

De mort suis assailly tres fort
Et ne sçay tout pour me deffendre
Ie voi que la mort le plus fort
Comme le foible rends à prendre
Que doisie faire faut attendre
Patiemment & du bon cœur
A Dieu de ses biens grace rendre
Haut estat n'est pas le plus seur

Iamnihil est totum quod viximus : omnia mecũ

La mort.

Patriarche pour basse chere
Vous ne pouuez estre quittte
Vostre double croix qu'auez chere
Vn aura ceste equité
Ne pensez plus à dignité
Ia ne serez Pape de Rome
Pour rendre compte estes cité
Folle esperance deçoit l'homme.

Le Patriarche.

Bien apperçoy que grand honneur
Ma deceu pour dire le voir
Mes ioyes à tourné en douleur
Et que vaut tant d'honneur auoir
Trop haut monter n'est pas sçauoir
Haut estat trompent gens sans nombre
Mais peu le veulent parceuoir
A haut monter le faict encombre.

Tempu preteritis hora suprema tradit.

La mort.

C'est de mon droict que ie vous meine
A la dance gent Connestable
Les plus forts comme Charlemaigne
Mort prens c'est chose veritable
Bien n'y vaut chere espouuantable
Ne fortes armes en c'est assaut
D'vn coup i'abbas le plus estable
Rien n'est d'armes quand mort assaut

Le Connestable.

I'auoye encore intention
D'assaillir chasteaux, forteresses
Et mener à subiection
En acquerant honneurs, richesses
Mais ie voy que toute prouesse
Mors met au bas c'est grand despit
Tout luy est vn douceur, rudesse,
Contre la mort n'a nul respit.

Vado mori preſui baculum ſendalia mitram
Nolens ſine volens deſerto mori.

Vado mori miles belli certam mine victor
Mortem non didici vincere : vado mori.

Occurunt animo paruendi mille figure

Morque minuspere quammora mortishabet.

La mort.

Que vous tiriez la teſte arriere
Archeueſque tirez vous pres
Auez vous peur qu'on ne vous fiere
Ne doutez vous viendrez
N'eſt pas touſiouts la mort empres
Tout homme ſuiuant coſte à coſte
Rendre conuient deptes & preſts
Vne fois faut conter à l'hoſte.

L'Archeueſque.

Las ie ne ſçay ou regarder
Tant ſuis par mort à grand deſtroict
Ou fuiray ie pour moy ayder
Certes qui bien la cognoiſtroict
Hors de raiſon iamais naiſtroit
Plus ne gettas en ma chambre painte
Mourir me conuient c'eſt le droict
Quand faire faut c'eſt grand contrainte.

La mort.

Vous qui hantez les grands Barons
Auez eu renom cheualier
Oubliez trompettes, clairons
Et ſuiuez ſans ſommeiller
Les dames ſouliez reſueiller
Amy faiſant trop longue piece
A autre dance faut véiller
Ce que l'vn faict l'autre deſpece.

Le cheualier

Or ay ie eſté auctoriſé
En pluſieurs faicts & bien fame
Des grand & des petits priſé
Auec ce des dames aimé
Ne oncques ne fus diffamé.
A la court du ſeigneur notabe
Mais à ce coup ie ſuis tout paſmé.
Deſſous le ciel n'a riens de ſtable.

Homonatu de muliere br ui viués tépore. repletur multis miseris qui quasi flos egreditur &

La Mort.

Tantost n'aurez vaillant vn pie
Des biens du monde & de nature
Euesque de vous il est pie
Nonobstant vostre prelature
Vostre faict gist en aduenture
De vos subiects faut rendre comte
A chacun Dieu fera droicture
Pas n'en est seur, qui trop haut monte

L'euesque.

Le cœur ne me peut esiouyr
Des nouuelles que mort m'apporte
Dieu voudra de tout compte ouyr
C'est ce que plus me desconforte
Le monde aussi peu me conforte
Qui tout à la fin desherite,
Il retient, tout nul rien n'emporte
Tout se passe fors le merite.

La mort.

Aduancez vous gent escuier
Qui sçauez de dancer les tours
Lance portiez & escu cher
Auiourd'huy finerez vos iours
Il n'est rien qui ne prenne cours
Dansez & pensez de suiur
Vous ne pouuez auoir secours
Nul n'est qui puisse mort fuir.

L'escuyer.

Puis que mort me tient en ses lacs
Au moins que ie puisse vn mot dire
A dieu deduict adieu soulas
A dieu Dames plus ne puis rire
Pensez de l'ame qui desire
Repos ne vous chaille point tant
Du corps qui tous les iours empire
Tous faut mourir on ne sçait quand.

Mors tua mors Chrifti, fraus mundi gloria cæli,
 Et dolor inferni fint memor auda tibi.

La mort.

Abbé venez toft vous fuiez
N'ayez ja la chere esbahie
Il conuient que la mort fuiuiez
Combien que mout l'auez haie
Commandez à Dieu l'abbaie
Qui gros & gras vous a nourry
Toft pourrirez apres la vie
Le plus gras eft premier pourry.

L'Abbé.

De cecy n'euffe point d'enuie
Mais il conuient le pas paffer
Las or n'ay-je pas en ma vie
Gardé mon ordre fans ceffer
Gardez vous de trop embraffer
Vous qui viuez au demouraut
Si vous voulez bien trefpaffer
On s'aduife tard en mourant.

La mort.

Bailly qui fçauez que iuftice
En haut & bas en mainte guife
Pour gouuerner toute pollice
Venez bien toft à cefte affife
Ie vous adiourne de main mife
Pour rendre compte de fon faict
Au tres-grand iuge qui tout prife
Vn chacun portera fon fais.

Le Bailly.

Hé Dieu voicy dure iournée
De ce coup pas ne me gardoie
Or eft la chance bien tournée
Entre Iuges honneur auoie
Et mort faict raualler ma ioye
Qui m'adiourne fans appel
Ie n'y voy plus ne tour ne voie
Contre la mort n'a point d'appel.

Mors facit exorsum res aufert atque celorem.

La mort.

Maistre pour vostre regarder
En haut, ne pour vostre clergie
Ne pouuez la mort retarder
Cy ne vaut rien Astrologie
Toute la genealogie
d'Adam qui fut le premier homme
Mort prent ce dit theologie,
Tous faut mourir pour vne pomme.

l'Astrologien.

Pour science ne pour decret
Ne puis auoir prouision
Car maintenat tous vos degrez
Vont mourir à confusion,
Pour finalle conclusion
Ie ne fais plus que rien descripue
Ie pers toute resolution
Qui voudra bien mourir bien viue.

Vermibus exponit sententia corpora redit.

La mort.

Bourgeois hastez vous sans tarder
Vous n'auez auoir ne richesse
Qui vous puisse de mort garder,
Si des biens dont eustes largesse
Auez bien vsé, c'est sagesse.
D'autruy vient tout à autruy passe
Fol est qui d'amasser se blesse
On ne sçait pour qui on amasse.

le Bourgeois.

Grand mal me fait si tost mourir
Rentes maisons, cens, nourriture,
Mes pauures richesses abbaisser
Tu faicts mort telle est ta nature.
Sage n'est pas la creature
D'aimer trop les biens qui demeurent
Au monde, & sont siens de droicture
Ceux qui plus ont, plus enuié meurent

Es sapiens marcet sapientia morte redundans — Diuitiis lapsu moliore fluit.

La mort.

Sire chanoine prebandez
Plus n'aurez distribution
Ne gros ne vous y attendez
Prenez cy consolation
Pour tout retribution
Mourir tous conuient sans demeure.
Ia ny aurez dilation
La mort vient qu'on ne garde l'heure.

Le Chanoine.

Cecy gueres ne me confortes
Prebandé suis en mainte eglise
Or est la mort plus que moy forte
Qui tout emmeine c'est la guise
Blanc surpelis, aumusse grise
Me faut laisser & à mort, rendre
Que vaut gloire si tost bas mise
A bien mourir chacun doit tendre.

La mort.

Marchand regardez par deça
Plusieurs païs auez cherché
A pied à cheual de pieça
Vous n'en serez plus empesché
Voicy vostre dernier marché
Il conuient que par icy passez
De tout soing serez desperé
Tel conuoite qui à assez.

Le marchand.

I'ay esté à mont & à val
Pour marchander ou ie pouuoie
Par long temps à pied à cheual
Maintenant ie pers toute ioie
De tout mon pouuoir acqueroie
Or ay-je assez mort me contrainct
Bon faict aller moienne voie
Qui trop embrasse peu estrainct

Omnia mors tollit doctum cecidil æcathonem.   At que ipsum Socratum pro cubisse ferunt.

<table>
<tr><td>

La mort.

Hommes plusieurs sont cherstenus
Au siecle & en religion
Lesquels toutesfois sont venus
De bien basse condition
La doctrine & correction
De vous maistre tels les as faict
Or vous mourrez conclusion
Homme par mort est tost deffaict.

Le maistre.

Grammere est science sans fable
De toutes autres l'ouuerture
A ieunes enfans conuenable
Car sans elle ie vous asseure
Qu'en autre science n'ont cure
Dentrer, par bon entendement
Ainsi le veut Dieu & nature
Partout il faut commencement.

</td><td>

La mort.

Sur courcier & cheual de pris
Homme d'armes ne monterez
Plus puis que la mort vous a pris
Aduisez comme vous ferez
Le monde tantost laisserez
N'attendez plus de courir la lance
Regardez moy tel vous serez
Les yeux de mort sont à outrance.

Lhomme darmes.

A dieu le seruice du Roy
Que souloie faire soir & matin
De mort suis prins en desarroy
Sans respit iusques à de main
A c'este dance par la main
Ie suis mené piteusement
Morty contrainct tout homme humain
Mourir faut on ne sçait comment.

</td></tr>
</table>

Vado mori feruior iam finis temporis inftat
Iam que pater moris ianua vado mori.

Vado mori, reliquos qui dira in vincula traxi,
Nunc me mors retinet impia, vado mori,

Bis duo funt que corde tenus fub pectore mifi.

Mors mea iudicium baratri nox, lux paradifi.

La mort.

Homme d'armes plus rien ne refte
Allez fans faire refidence
Cy n'en pouuez faire conquefte
Vous auffi hommes d'abftinence
Chartreux prenez en patience
De plus viure n'ayez memoire
Faictes vous voloir à la dance
Sur tout homme mort à victoire.

le Chartreux.

Ie fuis au monde pieça mort
Parquoy de viure ay moins enuie
Iaçoit que l'homme craint la mort
Puis que la chair eft affouuie
Plaife à Dieu que l'ame rauie
Soit és cieux apres mon trefpas
C'eft tout neant de cefte vie
Tel eft huy que demain n'eft pas.

La Mort.

Sergent qui portez cefte maffe
Il femble que vous rebellez
Pour neant faictes vous la grimaffe
S'on vous greue fi appellez
Vous eftes de mort appellez
Qui luy rebelle il fe deçoit
Les plus forts font toft rauaillez,
Il n'eft fort que fi fort ne foit.

le Sergent.

Moy qui fuis Royal officier
Comme m'ofe la mort frapper
Ie faifois hier mon office
Et elle me vient huy gripper
Ie ne fçay quel part efchapper
Ie fuis prins deça & dela
Malgré moy me laiffe happer
Ennuis meurt qui apprins ne la.

Vado mori celle cacitus qui semper amato
Mortem deum petit cernere vado mori.

Vado mori diuers aurum vel copia rerum est,
Nullum respectum dat mihi, vado mori.

Hæc tua vita breui que te delecta iniqua   Est velut aura leuis expecta vbique.   Le pauure homme.

La mort

Ha maistre par la passerez
Ia n'est besoing de vous deffendre
Plus les hommes n'espouuenterez
Apres moine sans plus attendre
Ou pensez vous cy faut attendre
Tantost aurez la bouche close
Homme n'est fort que vent & cædre
Vie donc est mout peu de chose.

le Moine.

Or i'aimasse mieux encor estre
Au cloistre & faire mon seruice
C'est vn lieu deuot & bel estre
Mais las i'ay comme fol & nice
Au temps passé commis maint vice
Dequoy n'ay pas faict penitence
Suffisante: Dieu me soit propice
Chacun n'est pas ioyeux qui dance.

La mort.

Vsurier de sens desreiglé
Venez tost & me regardez
D'vsure estes tout aueuglé
Qui d'argent gaigner tout ardez
Mais vous en serez bien lardez
Car le Dieu qui est merueilleux
N'a pitié de vous tous perdez
A tous perdre vn coup perilleux.

L'vsurier.

Me conuient il si tost mourir
Ce m'est grand peine & greuance
Et ne me pourroie si tost secourir
Mon or, mon argent, ma cheuance
Ie vois mourir la mort m'aduance
Mais il m'en desplaist somme toute
Qn'est ce de mal accoustumance
Tel a beaux yeux qui ne voit goutte

O fœlix mortalæ genus si semper haberet.   Æternum prementeDeum finem que timeret

La mort

Medecin auec vostre vrine
Voiez vous icy qu'amender
Iadis sçeustes de medecine
Assez pour pouuoir commander
Or nous vient la mort demander
Comme autres nous conuient mourir
Tout n'y pouuez contremander,
Bon mire est qui se scait guerir.

Le Medecin.

Long temps à qu'en l'art de phisique
I'ay mis toute mon estude
I'auois science & pratique
Pour guarir mainte maladie
Ie ne scait que ie contredie,
Plus n'y vaut herbe ne racine
N'autre remede qu'on die
Contre la mort n'a medecine.

La mort.

Gentil amoureux gent & frisque
Qui vous cuidez de grand valeur
Vous estes prins la mort vous picque
Et monde lairrez à douleur
Trop l'auez aimé c'est folleur
Et à mourir peu regarde
Tantost vous changera couleur
Beauté n'est qu'image fardee.

L'Amoureux.

Helas! or n'y à il secours
Contre mort à Dieu amourettes
Mout tost va ieunesse à de cours
A dieu chappeau bouquet fleurettes
Adieu amãs & pucelettes.
Souuienne vous de moy souuent
Et vous mirez si sages estes
Petite pluie abbat grand vent

Felix qui potuit tranquilem ducere vitam,

Et leo stabuli claude fine dies,

La mort.

Aduocat sans long proces faire
Venez vostre cause plaider
Bien auez sceu les gens attraire
De pieça non pas d huy ne d'hier
Conseil cy ne vous peut aider
Au grand iuge vous faut venir
Sçauoir le deuez sans cuider
Bon faict iustice preuenir.

L'aduocat.

C'est bien droit que raison se face
Icy ne sçay mettre deffence
Contre mort n'a respit ne grace
Nul n'appelle de sa sentence
I'ay eu de l'autruy quand i'y pense
Dequoy ie doute estre repris
A craindré est le iour de vengeance
Dieu rendra tout à iuste pris.

La mort

Menestrier qui danses & notes
Sçauez & auez beau maintien
Pour faire esiouyr sots & sottes
Qu'en dictes-vous allons nous bien
Monstrer vous faut puis que vous tiens
Aux autres cy vn tour de danse
Le contredire ny vaut rien
Maistre doit monstrer sa sçience.

Le Menestrier.

D'ainsi dancer ie n'ay point cure
Certes tres-enuie ie m'en mesle
Car de mort n'est peine plus dure
I'ay mis soubz le banc ma vielle
Plus ne corneray sautcrelle
N'autre dance mort me retient
Il me faut obeir à elle
Sa dance point ne me reuient.

Mors properat fugat nulla pater mortale tributum   Soluere nature lege tenetur homo.

La mort.

Passez curé sans long songer
Ie sens qu'estes abandonné
Le vif, le mort souliez manger
Mais vous serez aux vers donné
Vous fustes iadis ordonné
Miroer d'autres & exemplaire
De vos faicts serez guerdonné
à toute peine est deu salaire.

Le Curé.

Vueille ou non il faut que me rende
Il n'est homme que mort n'assaille
Hé de mes parroissiens offrande
N'auray iamais de funeraille
Deuant le iuge faut que i'aille
Rendre compte, las douloureux
Or ay ie grand peur que ne faille
Que Dieu quitte est bien-heureux.

La Mort.

Laboureur qui en soing & peine
Auez vescu tout vostre temps
Mourir faut c'est chose certaine
Reculer n'y faut, ne contemps
De mort deuez estre contens
Car de grand soucy vous deliure
Approchez vous ie vous attens
Fol est qui cuide tousiours viure

le Laboureur.

La mort ay souhaitté souuent
Mais volontiers ie la fuisse
I'aimasse mieux fist pluie ou vent
Estre au vigne ou ie houisse
Encor plus grand plaisir ie prinsse
Car ie pers de peur tout propos
Or n'est il que de pas isse
Au monde n'a point de repos.

Corporis & anime facile dirimitur

Stultum est confidere quod leui perditur casu

Ferro peste, flamma vinculi, ardore, calote.

Mille modis homines miseros vna fatiga.

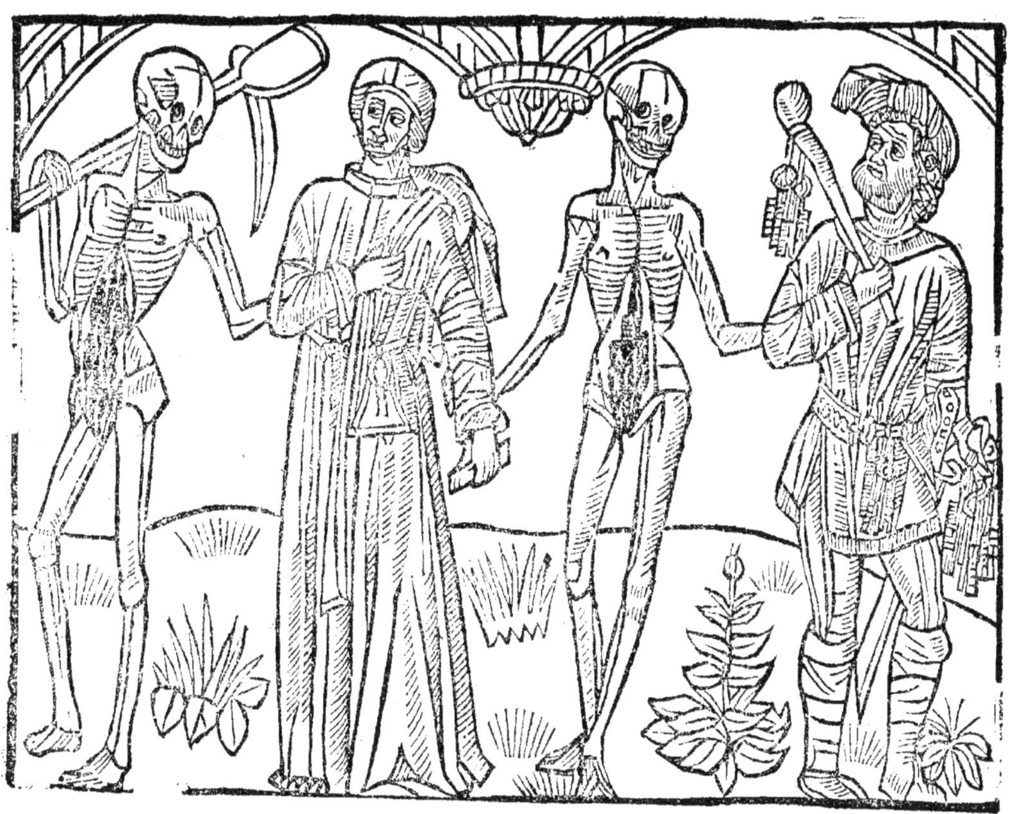

Pauperis & regis communis lex moriendi.

Dat causam flendifi, bene scripta legis.

La Mort.

Promoteur venez à la court
Tantost & soiez aduisé
Respondre le long & le court
Du cas qui vous est imposé
C'est que vous estes acculé
N'auoir pas tousiours iustement
De vostre office bien vsé
En malfaict gist amendement.

Le Promoteur.

I'eusse demain reçeu six solz
D'vn homme qui est en sentence
Pour consentir qu'il fust absouz
Sii'eusse esté en l'audience
Plus ne me faut penser en ce
Mort m'a surpris en son embusche
Prendre me faut en patience
Bien chairie droit qui ne tresbuche.

la Mort.

En soucy peine & trauail,
Auez gardé prisons Geolier
Souuent on vous a faict resueil
Cuidant dormir ou sommeiller
Vous n'y sçauriez plus trauailler
Venez danser sans plus de plaid
Maintenant il faut s'esueiller
Il faut mourir quand à Dieu plaist.

le Geollier.

Ie tenois de bons prisonniers
Desquels i'entendois receuoir
Pleine ma bource de deniers
Pour despence, & pour auoir
Les garder & ay faict mon deuoir
De les penser bien loyaument
Quand on meurt on doit dire voir
Dieu sçay qui dit vray ou qui ment.

La mort

Pelerin vous auez aſſez
Trotté & faict pelerinage
Trauaillez eſtes & laſſez
Bien appert à voſtre viſage
C'eſt cy voſtre dernier voyage
Que bon vous ſoit, faictes debuoir
La fin couronne tout ouurage
Selon l'œuure paiment auoir.

Le Pelerin.

En tout temps yuer & eſté
Voiager eſtoit mon deſir,
Or ſuis par la mort arreſté
I'en louë Dieu quand eſt ſon plaiſir
Et lui prie qu'il me doint loiſir
De tous mes pechez confeſſer
Pour mon ame en repos geſir
Vn iour nous ſaudra tous laiſſer.

La mort.

Berger danſez legerement
Icy n'eſt pas qu'on doit ſonger
Vos brebis ſont certainement
Maintenant en autruy danger
Car vous ſerez pour abreger
Toſt paſſé plus ne pouuez viure
L'eſtat de l'homme eſt toſt changé
Qui meurt de mains maux eſt deliure.

Le Berger.

Las or demeurent en danger
Mes brebis aux champs ſans paſteur
Loups affamez pour les manger
A ceſte heure ſont à l'entour
Où pour leur faire aucun faux tours
Loups ſont mauuais de leur nature
S'on crie ils fuient, puis ſont retours
Sur tous viuans mort faict morſure.

Vado mori, sed nescio cur & nescio quando,
Quo mecum que loco vtero vado mori.

Vado mori iuuenis quia nil valet ipsa inuent
De nec protegere neque: vado mori.

Cum vita labor : conceptio tales,

La mort.

Faictes voies vous auez tort,
Sus Berger apres cordelier
Souuent auez presché de mort
Si vous deuez moins merueiller
Ia ne s'en faut esmay bailler
Il n'est si fort que mort n'arreste
Si faict bon à mourir veiller
A toute heure la mort est preste.

Le Cordelier.

Qu'est ce que de viure en ce monde
Nul homme à secreté ny demeure
Toute vanité y abonde
Puis vient la mort qu'a tous to urt seure
Mendicité point ne m'asseure
De mes faicts faut payer l'amande
En bien peu d'heure Dieu labeure
Sage est le pecheur qui s'amende.

Menstrua putredo finis, origo facit.

La mort.

Petit enfant n'a gueres né
Au monde auras peu de plaisance
A la dance seras mené
Comme autre car mort a puissance
Sur tout du iour de la naissance
Conuient chacun à mort offrir
Fol est qui n'en a coguoissance
Qui plus vit plus a à souffrir.

Le petit enfant.

A, à, à, ie ne puis parler,
Enfans suis i'ay la langue muë
Hier nasquis, huy m'en faut aller
Ie ne fais qu'entrer & yssuë
Rien n'ay mesfaict, mais de peur suë
Prendre en gré me faut c'est le mieux
L'ordonnance de Dieu ie muë
Aussi tost meurt ieune que vieux.

Sperma prins vieis saccus post vermibus esca

La mort.

Cuidez vous eschapper de mort
Car clert esperdu pour reculer
Il ne s'en faut ia de fripper
Tel cuide souuent haut aller
Qu'on void à coup tost raualler
Prenez en gré allons ensemble
Car rien n'y vaut le rebeller
Dieu punit tout quand bon luy semble.

Le Clert.

Faut il qu'vn ieune clerc seruant
Qui en seruice prend plaisir
Pour cuider venir en auant
Meure si tost c'est desplaisir
Ie suis quitte de plus choisir
Autre estat, il faut qu'ainsi dance
La mort m'a prins à son loisir
Peu aduient de ce que fol pense.

In tumulo pro qua superbi homo dore.

La mort.

Hermite ne faictes refus
De danser faictes vous valloir
Vous n'estes pas seul, leuez ius
Pourtant moins vous en doit chaloir
Venez apres c'est mon vouloir
Homme nourry en Hermitage
Ia ne vous en conuient douloir
Vie n'est pas seur heritage.

L'hermite.

Pour vie dure ou solitaire
Mort ne donne de viure espace
Chacun le voit, si s'en faut taire
Ie requiers Dieu qu'vn don me face
C'est que tous mes pechez efface
Bien suis content de tous ses biens
Desque ls i ay vsé de sa grace
Qui n'a suffisance il n'a riens.

Ortus cuncta fuos reperunt matremque requitunt   Et redit ad nihl fum quod fuit ante nihil.

La mort.

Sur les champs & par les villages
Auez mangé mainte poulailles
Beu du vin & faict grands outrages
Sans en paier denier ne maille
A tout voftre chappeau de paille
A duanturier venez auant
Vous dancerez vaille qui vaille
Autant vaut dernier que deuant.

L'duanturier.

Ie crains trop paffer le paffage
De mort quand bien i'y regarde
Qui ne la craint il n'eft pas fage
Plus rien n'y vaut ma hallebarde
Non feroit pas vne bombarde
Si ie me cuidoie deffendre
Chacun fe tienne fur fa garde
Quand mort affaut il fe faut rendre.

La mort.

Ce que danfiez n'eft que vfage
Mon amy fot, bien vous aduient
Autant le fot comme le fage
Tout homme à dancer il conuient
L'efcriture fi m'en fouuient
Dict en vn pas qui bien i'entend
L'ame s'en va point ne reuient
Chacune chofe à la fin tend.

Le Sot

Ils font maintenant bons amis
En danfant icy d'vn accord
Plufieurs qui eftoient ennemis
Quand ils viuoient en vn difcord
La mort fi les a mis d'accord
Laquelle faict eftre tout vn
Sages & fots quand Dieu l'accord
Tous mors font d'vn eftat commun

VEnimeux est toy qui porte la corne
Tous escornant de son escorne cor
Au contraire d'vne grande licorne
Rendant le lieu plus instorique encor
Encor corne cornement d'vn grand cor
Dont les cornans s'en vont à la cornee
Tous escornez n'ayant en leur corps cor
Auez toute cornadise escornée.

Celle sera bien de corne cornée
Dont luy faudra sa grand cornette
Qu'au monde n'est pas encore cornée
En escoutant le haut son du cornette
Dont vostre ame se sera encornée
Du grand cornu qui sans cesse cornette
Auec toute cornadise escornée.

Corné sera chacun du cornement
De si terrible & grand cornation
Fort cornante & se le cornement
Eschappé n'est encores nation
La nation n'est qui de cest cornetz
Car la serez enlacez de cornetz
Auec toute cornadise escornée.

Encor n'est nul exempté du cornu
De de celle tres-grande cornadise
Et quand chacun sera las du cornu
Cornadise n'aura quelque cornade
Gardez n'aurez qu'vne cornade pise
Cornaderie n'aura quelque cornade
Se escorné n'aura à la iournée
Dont prions à Dieu qu'il nous garde
Auec toute cornadise escornée.

O sainct Michel garde nous du cornant
Du corps cornu, car si le cort ne rompt
Cornu petant nous viendra escornant,
Quand les Anges de leur cor corneront
Corps ne rompt iamais au bien cornez
Aux oreilles dormant nuict & iournée
Sur nous rendre nos corps bien escornez
Auec toute cornadise escornée.

TOus & toutes mourir conuient
Foibles & fors icy le pouuez lire
Dauid le dit en son plalmite & lyre
Souuentes-fois à coup icy qu'on vient
Iuste raison à cela bien conuient
Tous & toutes mourir il nous conuient.

Que en craignant de larchitonant lire
De lachesis & de clote l'empire
Conuient mourir à tous cela aduient
Souuentes fois acoup ainsi qu'on vient
Du doux Titan ce beau liure conuient
De vieillesse que l'on ne puis desdire
Que nous auec nos choses sans redire
Non sçachant quand & côme il aduient
Tous & toutes mourir il nous conuient.

Le Roy mort.

Vous qui en ceſte pourtraicture
Voiez danſez eſtats diuers
Penſez que humaine nature
Ce n'eſt fort que viande à vers
Ie le monſtre qui giſt en vers
Moy qui eſtois Roy couronné
Tels ſerez vous bons & peruers
Tous eſtats ſont aux vers donné.

L'Aucteur.

Rien n'eſt d'homme qui bien y penſe
C'eſt tout vens, choſe tranſiſtoire
Chacun le void par ceſte dance
Pource vous qui voiez l'hiſtoire
Retenez la bien en memoire
Car homme & femme elle admonneſte
D'auoir de Paradis la gloire
Heureux eſt qui es cieux faict feſte

Le Roy mort.

Bon y faict penſer ſoir & matin
Le penſer en eſt profitable
Tel eſt huy qui mourra demain
Car il n'eſt rien plus veritable
que de mourir & moins eſtable
Que vie d'homme on l'apperçoit
A l'œil pourquoy ce n'eſt pas fable
Le fol ne croit tant qu'il reçoit.

L'Aucteur.

Mais aucuns ſont à qui n'en chaut
Comme s'il ne fuſt Paradis
Ne enfer, ou ils auront chaut
Les liures qui firent iadis
Les ſaincts en demonſtrant beaux dicts
Acquitez vous qui icy paſſez
Et faictes des biens plus n'en dicts
Bien faict vaut mout aux treſpaſſez.

Homo cnm in honore esset non intellix

   Pecheurs regarde ta figure
En celle mort deffigurée
Noble & belle fut ta figure
quand premierement sur cree
Mais par tes pechez est tournee
A mal tu le vois de tes yeux,
Mort, cheual enfer gueulle bee
Signifie pecheurs mal'heureux.

   Anima que peccauerit ipsa morietur.

   Tu és le mort & le cheual
Pecheur veux-tu que ie te die
Comme soyez mort, car pour ton mal
Celuy qui te donnoit la vie
De toy & de ta compagnie
Vaillamment tu l'as mis hors
Sans laquelle heure ne demie

Comparatus est iumentis insipientibus.

   De tout honneur desempare
Tu es pecheur trop miserable
quand au cheual est comparé
Et aux bestes muës dissemblable
Et qui pis est iugent au diable
Subiect faire à la volonté
Dont tu auras tourment perdurable
Douleur peine & pauureté.

   Ite maledicti in ignem æternum.

   Pense tu point que grand reproche
Les pauures pecheurs auront lors
quand Dieu leur dira de sa bouche
Maudit allez vous en dehors
D'auec moy, vos ames & corps
Ie condampne eternellement
Auec les Diables vils & ords

Cry de Mort

Toſt,toſt,toſt que chacun s'aduance
Main à main venir à la danſe
De mort danſer nous la conuient
Tous & à pluſieurs n'en ſouuient
Que quand ſera force y venir
Bien tard ſera d'en ſouuenir
Venez hommes,femmes enfans,
Ieunes,vieux,petits & grands
Venez les foibles,& les forts
De bien y dancer faire efforts
Vn tout n'en eſchapperoit
Pour mille eſcus s'il les donnoit
Et pourtant ce commandement
Faicts à vous tous que briefuement
Sans grand delay ne ſans ſeiour

Que chacun ſe trouue à ſon iour
Pour danſer en temps lieu
Que ſera chacun à ſon faict
Penſe bien chacun à ſon faict
Le cognoiſſe pour y penſer
Deuant que de venir danſer
Et querre à Dieu miſericorde
Laquelle luy donner s'accorde
Moyennant vraye repentance
De tous pechez & ſans doutance
Se ne faictes ce que vous dis
Ia vous n'aurez ſon Paradis
Eſtes vous ſi outrecuidez
Que viure ſans mourir cuydez
Nenny & cher vendu ſera
Qui ainſi viure cuidera
Les anceſtres de deuant vous
Au monde ne l'ont il point tous
Danſez,ſi ont,ainſi ſerez
Vous & comme eux la danſerez
Et ceux qui apres vous viendront
Pareillement la danſeront
Et n'en voulez ouyr parler
Ce n'eſt pas pour trop bien aller
Quand parler n'en voulez ouyr
Et ſi ne la pouuez fuir
De quel eſtat qui ne vous faille
Le danſer tous comme il aille
Sans ſçauoir quand ſoir ou matin
Sera auiourd'huy ou demain
Eſcoute pauure creature
Cette danſe eſt d'autre nature
Que les autres danſes ne ſont
Auſquelles nulles gens ne vont
Qui volonté n'ont d'y danſer
Et s'en voudroient bien excuſer
Mais pour briefue concluſion
Nul n'y a excuſation
Que l'vne & l'autre ne conuienne
Le danſer,or vous ſouuienne.

D ij

l'Hermite.

Ouure tes yeux creature chetiue
Viens voir les faicts de mort excessiue
De qui i'ay eu en ce lieu vision
Pensee n'est si tres contemplatiue
Qui d'auoir veu vne heure hastiue
Vn tel regard, n'est admiration
De trois corps morts m'est l'apparition
Venus icy, auecques leurs suaires
Pareillement leurs terribles viaires
Deffigurez & leurs corps descouuerts
Les trou des yeux &de leurs nez ouuerts
Trestous mangez & pertuisez de vers
c'est le tribut que mort doit aux humains
Terrible mors sur toutes autres terrible
On te doit bien par tes œuures horrible
Dire & clamer puis que par ta morsure
Et par assaux soudains superceptibles
Par corps mortels diuers irremissibles

Telle fut faict humaine creature
De tes œuure ay veuë humaine creature
Tant diuersses tant cruelles & hideuse
Deffiguree, horrible, merueilleuse
Deuãt mes yeux en ce pauure hermitage
Qui m'ont troublé tellement le courage
Que pl⁹ nepuis de telle œuure cognoistre
Bien doit penser à la mort qui est sage
Car en la fin il nous conuient tel estre
  Or ne sçait on si ces trois autre fois
Ont esté Ducs, Barons, contes ou Rois
Papes, Abbez, cardinaux ou chanoines
Ne qui estoit le plus noble des trois
S'ils ont esté hommes bossus ou droicts
S'ils ont esté Preuost, ou capitaines
Fors qu'ils õt eu tous trois faces humaine
Qui ont esté en la terre emmurees
La ou les vers les ont deffigurées
Si qu'il n'y à plus rien que l'ossement

Qui est à tous grand esbahissement.
Et est bien fol à qui point ne souuient
Grand & petits vniuersellement
Vne fois estre tels il nous conuient
De l autre part sont venus vis à vis
Sur trois cheuaux trois beaux hommes
       tous vifs,
Mais en voiant ceste chose admirable
Il m'a semblé qu'ils ont esté rauis
Trop long seroit raconter le deuis
De trois viuans piteux & lamentab'e
Celuy n'est deux qui ne fut fort doutable
De voir les morts & non pas sans raison
Car quiconques void le feu en la maison
De son prochain voisin mettre & ietter
De la sienne pour cause doit doubter
Dont les viuãs qui sõt morts apperceurét
Merueille n'est si fort s'espouuenterent
A ceste cause raisonnable eurent

les mors aux vifs les vifs au mors parlerét
Et aux viuans les trois morts releuerent
Et tellement les viuans espouuenterent
De mort les gains & terribles assaux
Qu'a bié petit que tous ne tresbucherent
A la terre de dessus leurs cheuaux
L'vn laissa chiens, & l'autre les oiseaux
En requerant à Dieu grace & mercy
Que requerir nous luy deuons aussi
En luy priant par sa saincte puissance
Qu'il nous doint faire vraie penitence
Si qu'au monde ou nous somme mortels
Nous facions tant qu'aions la iouissance
Apres la mort des regnes immortels.

Le premier mort.

Se nous vous apportons nouuelles
Qui ne soient ne bonnes ne belles
A plaisance ou a desplaisance
Prendre vous faut en patience

Nonobstant quelconques richesses
Puissance bonté force ou ieunesse
Nous vous denonçons tous le voir
Qu'il nous conuient mort receuoir
Vne fois les si douloureuse
Si amere si angoisseuse
Que les morts qui en sont deliure
Ne voudroient iamais reuiure
Pour mourir encor de tel mort
Et apres quand vous serez mort
Tout ainsi que pauure truans
Vous serez tout hideux puans
Des nostres & de nos liurees
Ie n'en dis plus, mais c'est du pire
Il me suffit assez le dire
De vos meschans corps la mesere
Qui ne sont pas d'autre matiere
Certainement ne que nous sommes
N'agueres estions puissans hommes
Or sommes tels comme voyez
Si vous voulez y pouruoyez
Et bien vous y deuez poururoir
Quand à nous vous pouuez bien veoir
Comme de vous il aduiendra
A quel loyer mort vous rendra
Car nos corps qui sont pleins d ordure
Aller sera en pourriture
Tels comme vous nous fusmes hommes
Tels serez vous comme nous sommes.

Le second mort.

Pouruoyez, si vous voulez
Autrement que vous ne souliez
Car certes la mort vous espie
Pour vous oster des corps la vie
Plus briefuement que ne cuidez
Qui estes si outre cuidez
Que pour vn peu de ioye vaine
Vn peu de desplaisance mondaine
Qui est de si courte duree
Tost venue plustost allee,

Voulez perdre la ioye fine
De paradis qui point ne fine
Et qui pis est damné serez
Autrement n'en eschapperez
Mais se sera sans deliurance.
    Comme auez vous telle plaisance
Dictes vous meschant orgueilleux
En ce monde tant perilleux
Ou n'y a que diuisions
Diuerses tribulations
Puis guerre puis mortalité
Toussiours nouuelle aduersité
Reuient auant que l'autre failles
Vous ne sçauez homme sans faille
Tant soit puissant vueille ou non veille
Qui ne souffre qui ne se dueille
A lieurs doncques repos querez
Car icy point ne trouuerez
Repos aurez en paradis
Se croire vous voulez les dicts
Des sages qui conseille faire
Ce que faire est necessaire
Pour l'acquerir & pour l'auoir
Rien mieux nulluy ne peut auoir
Faictes des biens plus que pourrez
Autre chose n'emporterez.

Le tiers mort.

O folle géns mal aduisez
que ie voy ainsi desguisez
De diuers habits & de robbes
Et d'autres choses que tu robbes
Tant puante charongne à vers
Ne il ne te chaut dont tout vienne
Mais qu'à ton estre se maintienne
Las quand ie voy les faux delits
De vin, de viandes, & de lits
Les grands excez les grands outrage
Dont ceux qui font les labourage
Aux champs & pour toy se trauaillent
Tous nuds de faim crient & baillent
quand ie voy tel gouuernement

Et doute que soudainement
Dieu telle vengeance ne face
Que vous n'ayez temps n'espace
Seulement de crier mercy
Cuidez vous tousiours regner cy
Fols meschãs de mal'heureux nez
    Qui en tel point vous demenez
N'enny, n'enny vous y mourrez
Faictes du pis que vous pourrez
Lors aurez perdurable vie
Bonne ou malle n'en doutez mie
Dieu qui est iuste payera
Chacun selon ce qu'il sera
Faites des biens n'attendez pas
Que ceux, apres vostre trespas
Pour vous en facent, que aimez cher
Qui ne vous voudroiet approcher
En la terre vous porteront
Et tost apres vous oublieront
Et tels cuidez vos bons amis
Qui sont vos plus grands ennemis

Le second vif.

O saincte croix par ta puissance
Dont ie voy icy la remembrance
Garde mon corps & ne consens
Que ie perde auiourd'huy le sens
Pour ceste gent hideuse & morte
Que telle nouuelle nous apporte
Nouuelles dure & peruerses
Las entre les choses diuerses
Touchant nostre fragilité
Dequoy nous ont dit verité
Mon pauure cœur de la peur tremble
Quand trois morts ainsi voy ensemble
Deffigurez, hideux diuers
Tous pourris & mangez de vers
Le premier dit bien m'en souuient
Que mort endurer nous conuient
A grand angoisse & grand douleur
Dont il me fit muer couleur
Et des ames dit vne chose

Ie croy que c'est leur damnement
En enfer perdurablement
Ces nouuelles ne sont pas bonnes
Helas nos chetiues personnes
Parquoy nous fit donc Dieu naistre
En ce monde pour estre
Si tost liurez à tel ordure
De ma vie n'auray plus cure
Quand ie voy que les gens qui viuent
Tant de mal'heuretez ensuiuent
Que ie prise trop mieux assez
Le pauure estat des trespassez
Car tousiours sans fin durera,
Et celuy des vifs finira
Et en l'estat qui tousiours dure
A bien viure on doit mettre cure.

Le premier vif.

Est-ce donc à bon escient
que la mort nous va espiant
Et qu'il nous faut ainsi mourir
N'est-il homme qui secourir
En peut pour or, ou pour argent
Las conuient il a ieunes gens
A terrible mort venir
Oncques ne m'en peut souuenir
Mais ie voy bien que c'est à certes
Ie voy les enseignes appertes
De mort passeront les estroits
Et deuiendront comme ces trois
C'est la fin de nostre besongne
Helas meschante charongne
Mais que tu face tes plaisirs
Tes volontez, tes faux desirs
Il ne te chaut du remenant
Or voyons nous bien maintenant
que par toy nous sommes deceuz
Car iusques icy te auons creuz
Et de nos ames peu te chaut
Si elles ont eu froid ou chaut
Fy charongne qui rien ne vaut
Tu aime mieux les grands cheuaux

toutes choses corrumptables
pour ton meschant corps & rebelle
que tu ne fais vne ame belle
si sçais bien que tu mourras
& en la terre pourriras
& l'ame perdurablement
en ioye viura, ou en tourment
pensons doncques si bien finer
Que en ioye puissions terminer
On y penser quand on peut
Souuent on ne peut quand on veut.

Le tiers vif.

Certes c'est bien dit, mais au fort
Il ny faut point de desconfort
Tous nous conuient passer ce pas
& croy que Dieu ne nous hait pas
Mes beaux seigneurs & bons amis
Quand ces trois mors nous à transmis
De la mort & de la meschance
Qui nous vient finer nostre ioye
Helas, iamais ie ne cuidoie
Que ce temps cy nous deust faillir
Ne que mort osast assaillir
Tels gentils gens comme nous sommes
Mais ie voy bien que riches hommes
Sont tels, & de nulle value
Ne plus ne moins que gens menue
N'en parlons plus c'est pour neant
Maintenant ie suis cler voiant
Que la voye du monde est briefue
& la fin d'elle point ne griefue
& enfer est horrible peine
& Paradis est ioye delectable
& toute ioye pleine
D'vne & l'autre perdurable
Ensuiuons ie vous en prie
Desormais la meilleur partie
C'est qui choisit & depart
Quand il eslit la pire part
Deux voye auons deuant nos yeux
Nous qui viuons ieunes & vieux
La ioye & repos meine.

L'autre en tourmens & à peine
Pour ioye & repos auoir
Bien faire doit on toute heure
Qui mal faict & ne se repent
En fin aura peine & tourment.

FIN

Tost, tost, venez femmes danser
Apres les hommes incontinent
Et gardez vous bien de verser
Car vous danserez vrayement
Mon cornet corne bien souuent
Apres les petits que les grands
Despeschez vous legerement
Apres la pluye vient le beau temps

L'HAVTHEVR.

Mirez vous cy hommes & femmes
Et mettez vostre affection
A penser à vos pauures ames
Qui desirent salutation
Cy bas n'est pas la mansion
Ou vous deuez estre tousiours
Mort met tout à destruction
Grand & petis meurt tous les iours.

Pour noblesse ne pour honneur
Pour richesse ou pour pauureté
Pour porter estat de valeur
Ou pour toute mandicité
Ne differe mort equité
Mais autant d'vne part que d'autre
Sans auoir mercy ne pitié
Huy prent l'vn & demain l'autre.

E

Lulite formoses teneres:cantate pucelle
Namque fluunt anni more fuentis atque

Nec que p'eterit iterum reuocabitur vnda
Nec que preterit hora redire poteft

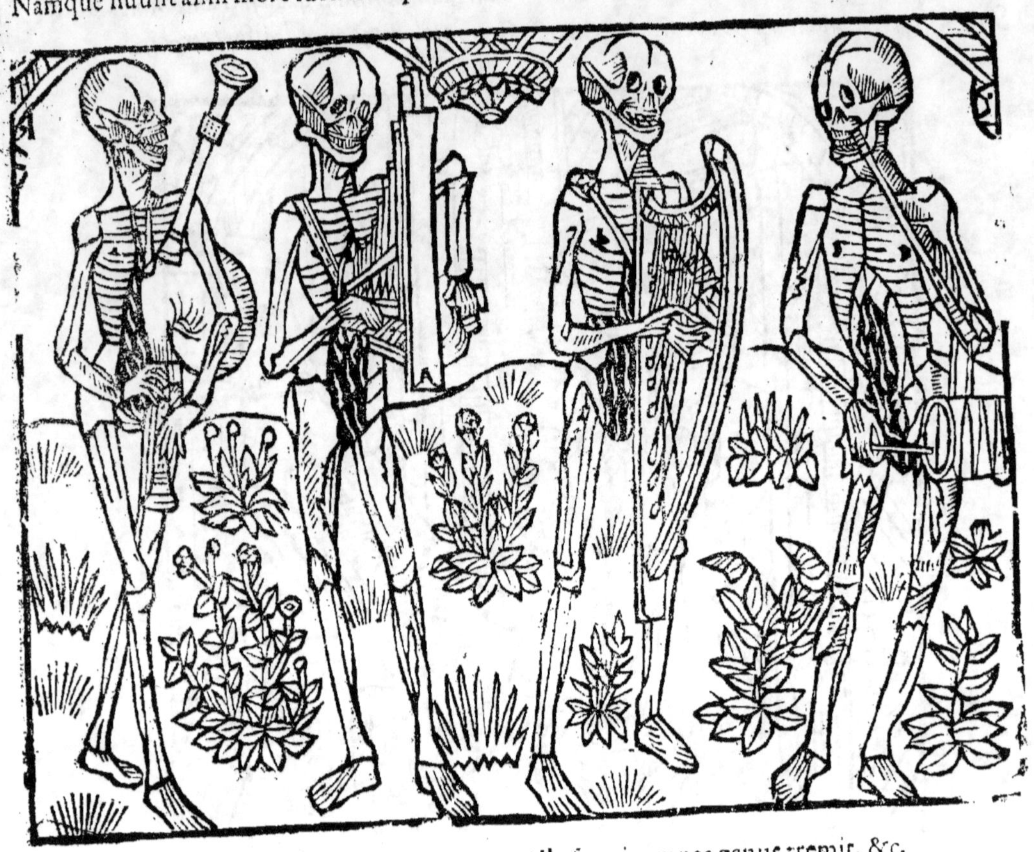

Mors iuuenes rapit atque fenes nullū fererer
le premier mort.

Venez dames & damoifelles
Du fiecle & de religion
Veufues , mariees & pucelles
Et autres fens exception
Ou de quelque condition
Tout dancerez cefte dance
Vous y viendrez vueilliez ou non
Sage eft & qui fouuent y penfe.

le fecond mort.

Quels fōt vos corps fie vous demāde
Femmes iolies tant bien parees
Ils font pour certain la viande
Qu'vn iour fera aux vers donnée
De vers fera donc defchirée
Voftre chair qui eft frefche & tendre
La n'en demourera goulee
Vos corps apres deuiendront cendre

Illa fremit omnes genus tremit, &c.
le tiers mort.

Compagnon bonne eft ta raifon
De fes femmes outrecuidee
Que leur corps fera venaifon
De vers puants vn iour mangées
et ne pourroient eftre gardée
Pour or , argent , ne rien qui foit
Parquoy font donc trop abufee
Qui ne s'amende il fe deçoit.

le quart mort.

Femmes mirez vous en vn tas
D'oſſement des gens trefpaſſez
Lefquels ou en diuers eftats
Au monde, & leur temps paſſez
Dont maintenant font entaſſez
L'vn fur l'autre gros & menus
ainſi ſerez vous y penfez
Laurel quer les os tous nuds.

La mort.

Noble Roine de beau corsage
Gente ioyeuse a l'aduenant.
I'ay de par le grand maistre charge
De vous emmener maintenant
Et comme chose bien aduenant.
Ceste danse commencerez
Faictes deuoir au demourant.
Vous qui viues ainsi serez.

la Royne:

ceste dance m'est bien nouuelle
et en ay le cœur bien surpris.
Hé Dieu quelle dure nouuelle
A gens qui ne l'ont pas appris
Las en la mort tout est comprins.
Roine, dame, grande ou petite
Les plus grâdes sôt les premiersprins.
Contre la mort n'a point de fuitte.

La mort.

Apres madame la Duchesse.
Vous viens querir & pourchasse
Ne pensez plus à la richesse
Aux biens ne aux ioiaux amasser.
Auiourd'huy vous faut trespasser.
Pourquoy de vostre vie est faict
Follie est de tant embrasser.
On n'emporte que le bien faict.

la Duchesse.

Ie n'ay pas encore trente ans.
Helas à l'heure que commence
A sçauoir que c'est du bon temps
Mort me vient toilir ma plaisance.
I'ay des amis & grand cheuance.
Soulas, esbats, gens à deuis
Pourquoy moins me plaist ceste dâse
Gens aises meurent fort ennuis.

Quemodo veſcebatur dilicis in cœnaculo,

La Mort.

Or ſa madame la regente
Qui aues renom de biendire
De dancer, fringuer, eſtre gente
Sur toutes qu'on peut eſlire
Vous ſouliez autre faire rire
Feſtier gens & rallier
Or il eſt temps de vous reduire
La mort ſi faict tout oublier.

La regente.

Quand me ſouuient des tabourins
Nopces, feſt es, harpes, trompettes,
Meneſtriers, doucines, clairins,
Et des grands cheres que i'ay faictes
Ie cognois que tels entrefaictes
En temps de mort n'ōt point de lieu
Mais tourment en pauures emplaites
Tout ſe paſſe fort aimer Dieu.

conſumitur á vermibus in ſepulchro.

La mort.

Gentille femme de cheualier
Qui tant aimez de duict de chaſſe
Il vous faut toſt des habiller
Et ſuiure le train de ma traſſe
C'eſt bien chaſſé quand onpourchaſ
Choſe à ſon ame meritoire   (ſe]
Car au dernier mort, tout en chaſſe
Ceſte vie eſt mout tranſitoire.

La femme du cheualier.

Pas ſi toſt mourir ne cuidoie
Et comment dea ie ſouppois hier
Sur l'herbe verte à la ſauſoie
Ou fiſt mon eſpriuier goyer
En rien plus ne ſe faut fier
Et qu'eſt ce des faicts de ce monde
Huy rire demain larmoier
La fin de ioyes en dueil redonde.

Mori omnia soluit Quid ergo grosunt.

La Mort.

Dame Abbesse vous laisserez
L'abbaie qu'auez bien aimee
Qu'vn peu de bien emporterez
Puis n'en serez dame appelez
Vostre crosse d'argent dorée
Vne de vos sœur portera
Qui apres vous sera sacré
Tout fut d'autruy tous y sera.

La Regente.

Le seruice hier ie faisoie
En l'Eglise comme abbesse
Et ma crosse d'argent portoie
A Matines & à Messe
Et au iourd'huy faut que ie laisse
Abbaie, crosse, & couuent
He Dieu de ce monde queisse
Qui est de mort surprins souuent,

diuitié, non liberabunt á morte.

La mort.

Dames ployez vos gorgerettes
Il n'est plus temps de vous far de
Vos atours, fronteaux, oreillettes
Ne vous pourroient cy aider
Plusieurs sont de cens pour cuider
Que la mort pour leur habit flesche
Chacun y deust bien regarder
Pour habit mainte femme peche.

La femmes de l'escuyer.

Hé qu'ay je mes faict ou mesdict
Dont doiue souffrir telle perte
I'auoie achepté au landyt
Du drap pour taindre en escarlette
Ou i'eusse eu vne robbe verte
Au premier iour de may qui vient
Mais mon entreprise est descouuerte
Tout ce qu'on pense pas n'aduient.

Lucifer ex merito cecedit dilapses ady mb   Quod spernit domino, sub ditus est sue

La mort.

  Pas ne vous oubliray derriere
Venez apres moy ça la main
Entendez plaisante bergere
on marchande icy main à main
Aux champs n'irez plus soir ne matin
Veiller brebis ne garder bestes
Apres les vieilles sont ses testes.
Rien ne sera de vous demain.

    la Bergere.

ie prens congé de cœur entier
Que ie regrette à merueilles.
Plus n'auray chappeau d'esglantier
Car voicy piteuses nouuelles.
A Dieu Bergeres pastourelle
Et les beaux champs que Dieu fist croistre
A Dieu fleurs & roses vermeilles
Il faut tous obeir au maistre.

La mort.

  Apres pauures vieilles aux potences
Qui ne vous poiuez soustenir
Cy bas n'auez pas vos plaisances
Aussi vous en conuient venir
L'autre siecle est aduenir
ou pour vostre mal qu'auez voire
Pouuez à grand mal paruenir
Dieu recompense tout en gloire.

    la femme aux potence.

De vieillesse ne voy plus goutte.
Parquoy ne crains gueres la mort
Dix ans y a que i'ay la goutte
Maladie me grefue bien fort
Mes amis ont le mien à tort
Et n'ay vaillant deux blancs contens
Dieu seul est tout mon reconfort.
Apres la pluie vient le beau temps.

Nemo tollit peccatum nisi solus Christus, qui est agnus tollens peccata mundi.

La mort.

Et vous aussi gente bourgeoise
Pour neant certes vous excusez
Il est force que chacun voise
Comme voiez si aduisez
Vos beaux gorgias empefez
Ny font rien ne belle ceinture
Maints hommes en sont abusez
En tous estats il faut mesure.

la bourgeoise.

Mes gens collets de fetisses
Ne m'exemptes point de mort
Mes grandes ioyes & delices
Me viennent icy à remort
Ma conscience tres fort me mort
Des folies faictes en ma ieunesse
Qui me sont à rebours tres fort
Ioyes à la fin tourne en tristesse

La mort.

Femme vesue venez auant
Et vous aduancez de mourir
Vous voyez les autres deuant
Il conuient vne fois finir
C est belle chose de tenir
L'estat ou on est appellé
Et soit tousiours bien maintenir
Vertu est tout par tout loué.

la femme veufue

Depuis que mon mary mourut
I'ay eu affaire grandement
Sans ce qu'aucun m'ait secouruz
Sinon mon Dieu tant seulement
I'ay des enfans bien largement
Qui sont ieunes & bien pourueus
Dont i'ay pitié, mais seulement
Dieu ne laisse aucuns despourueuz.

Singula da nobis animi perdantur euntes   & Tripuere iocos venerem conuiuia ludum.

La mort.

Allons outre gente marchande,
Et ne vous chaille de peſer
La marchandiſe qu'on demande
C'eſt ſimpleſſe d'y p'us muſer,
A l'ame deuſſiez aduiſer.
Le temps s'en va heure apres heure
Et n'eſt tel que d'en bien vſer
Le merite eſt bien faict d'heure.

La Marchande.

Et qui gardera mon ouurœge
Tandis que ie ſuis en malaiſe
Mes gens ne feront que iouer
Les biens leur viennent à leur aiſe
A Dieu ma balance & ma chaſſe
Du ſay eu les yeux diligens
Pour plus cher vendre dont me poiſe
Auarice deçoit les gens.

La mort.

Apres madame la baillyue
Des caquets tenus en l'Egliſe
Iugé auez par raiſon viue
Maintes gens à la voſtre guiſe
Ie vous ſignifie de main miſe
Pour ſouuoir en voſtre lieu.
Car auiourd huy ſerez demiſe
Point ne ſe faut iouer à Dieu.

la Baillyue

Si femme ſe plaint de leger
La couſtume n'eſt pas nouuelle
Et s'entremettre de iuger
Les faicts d'autruy & non pas d'elle
Chacune ſe repute telle
Que ce qu'elle faict eſt bien faict
Quoncques mal ne fut dict par elle
Il n'eſt rien au monde parfaict.

Vita breuis velut vmbra leuis. *Poeta.*　　　　Nulla vite fides est.　　*Seneca.*

<table>
<tr><td>

La mort.

Pour vous monstrer vostre follie
Et qu'on doit sur la mort veiller
Sa la main espousée iolye
Allons tost vous des-abiller
Pour vous ne faut plus trauailler
Car vous viendrez coucher ailleurs
On ne se doibt trop resueiller
Les faictz de Dieu sont merueilleux.

l'espousee.

En la iourné qu'auoye desir
D'auoir quelque ioye en ma vie
Ie n'ay que dueil & desplaisir
Et s'il faut que tantost desuie
He mort pourquoy as tu enuie
De moy qui me prens si accoup
Si grand faute n'ay desseruye
Mais il faut louër Dieu de tout.

</td><td>

La mort.

Femme nourrie en mignotise
Qui dormez iusques au disner
On vous chauffe vne chemise
Il est temps de desieuner
vous ne deussiez iamais ieusner
Car vous estes trop maigre & vuide
A present vous viens adiourner
On meurt bien plustost qu'on ne cuide

la femme mignotte.

Pour Dieu qu'on me voise querir
Medecin ou apoticaire
Et comment me faut il mourir
I'ay mary de si bon affaire
Anneaux robes, n'euf ou dix paire
Ce morceau cy m'est trop aigret
Mout se passe tost vaine gloire
Femme aise meurt à grand regret.

</td></tr>
</table>

F

Quis dimit eú mors premitque fœdera numqã

La mort.

Douce fille & belle pucelle
Ne vous chaille ia de laſſer
La miſere de vie mortelle
Qui conuient à chaſcun paſſer
car qui voudroit bien tout traſſer
il n'a ſeureté n'arreſt en lieu
Fors ſon ſauuement pour chaſſer
Virginité plaiſt mout à Dieu.

La pucelle vierge.

En ce ſiecle ieunes & vieux
Ne ſont pas en grãd ſeureté
De larmes ſont ſouuent les yeux
Pleins pour enuie ou pauureté
Sent à vne ioyeuſeté
Il vient apres quinze douleurs
Pour vn bien double aduerſité
Plaiſir mondein finit en pleurs.

Nec preciú nec ſeruitiú mors accipit vnquam

La mort.

Nous direz vous rien de nouueau.
Madame la theologienne
Du teſtament vieux ou nouueau
vous voyez bien que eſtes mienne
Et eſtes ia fort ancienne.
Il faict bon cecy recognoiſtre
et à bien mourir mettre peine
C'eſt beaucoup que de ſe cognoiſtre

La Theologienne.

Femme qui de clergie reſpond
Pour auoir bruit ou qu'on l'eſcoute
Eſt des moruës de petit pont
Qui ont grans yeux ne voyant goute
Sage eſt qui rondement ſi boute
Et qui trop veut ſçauoir eſt beugle
Le haut monter ſouuent chair couſte
chacun en ſon faict eſt aueugle.

Mors metuenda facit ſpernires, atque coloré.   Vermibus exponit ſe entia corpora tad[...]

La mort.   *La mort.*

Apres nouuelles mariée
Qui auez mis voſtre deſir
A danſer & eſtre parée
Pour feſtes & nopces choiſir
En danſant ie vous viens querre
Auiour d'huy ſerez miſe en terre
Mort ne vient iamais à plaiſir
Ioyes s'en va ſoudain grand erre.

Femme groſſe prenez loiſir
D'entendre à vous legerement
Car huy mourrez c'ſt le plaiſir
De Dieu & ſon commandeme[...]
Allons pas à pas bellement
En gettant voſtre cœur és Cieux
Et n'ayez pœur aucunement
Dieu ne faict rien que pour le mieux.

La nouuelle Mariée.   *La femme groſſe.*

Las demy an entier n'a pas
Que commence à tenir meſnage
Pourquoy ſi toſt paſſer le pas
Ne mes pas douceur, mais grand rage
I'auoye deſir en mariage
De bien faire mons & merueilles
Mais la mort m'oſte mon courage
Vn peu de vent abbat grand fueilles.

I'auoye bien petit de deduit
De mon premier enfantement.
Ie recommande à Dieu le fruict
Et mon ame pareillement
Helas bien cuydoie autrement
Auoir grand ioye en ma ieuneſſe
Mais tout va bien piteuſement
Fortune toſt ſe change & fine.

F ij

La Mort.

Madamoiselle du bon temps
A tout vos anciens etours
il est de vous en venir temps
Nature en vous passe son cours
Vous ne pouuez viure tousiours
ie vay deuant venez apres
Et ne faictes point long seiour
Vieilles gens sont de la mort pres

La vieille damoiselle.

I'ay voirement mon temps passé
Et ayme mieux ainsi mourir
Que receuoir ce qui est passé
Et tant de miseres courir
i'ay veu pauures gens langourir
Et autre choses dont me tais
Enfans pour bien viure & mourir
Il n'est plus grand bien que de paix.

La Mort.

Femme de grand deuotion
Serrez vos heures laissez mines
Et laissez contemplation
Car iamais n'yrez à Matines
Se vos prieres sont bien dignes
Elles vous vaudront deuant Dieu
Rien ny valent souspirs ne signes
Bonne operation tient lieu.

La cordeliere.

Ie remercie le Createur
A qui plaist de m'enuoyer querre
En loüant le bon Redempteur
Des biens qu'il ma donné sur terre
Aux tentations ay eu guerre
Qui est mout forte à demener
Dieu ay'de qu'il le veut requerre
Seruir Dieu est viure & regner.

Non eſt illa dies curſus, vt iſta dierum
Eſt deus illa dies, vltima noſtra dies.

Eſt noſtre ſortes tranſire per hoſtia mortis
Eſt graua tranſire quém tranſitus atque redire.

Omnia ſunt homini tenui pendentia ſito.

Et ſubito caſu que valuere ruunt.

La mort.

Dicte ieune fille tant habile
Renommée bonne chambriere
Ne reſpondez vous point belle fille
Sans tenir ſi rude maniere
Vous n'irez plus à la riuiere
Bauer au four, ne à la feneſtre,
Ceſt icy veſtre iournée derniere
Si toſt meur ſeruante que maiſtre.

La chambriere.

Quoy, ma maiſtreſſe m'a promis
Me marier & des biens faire
Et puis ſi ay d'autres amys
Qu'il luy aiderons à parfaire
De mort me voudroye bien retraire
I'en appelle on me faict tort
Mais ſera touſiours à refaire
Peu de gens deſirent la mort.

La mort.

S'çauez vous recommandereſſe
Point bon lieu pour me leger
I'ay bien meſtier que on m'adreſſe
Car nul ne veux heberger
Mais i'en feray tant deſloger
Que l'on cognoiſtra mon enſeigne
Mourir vous faut pour abreger,
Nul ne pert que l'autre ne gaigne.

La recommandereſſe.

En la mort n'a point d'amitié
Et ſi ne faict rien pour requeſte
Or, argent priere ne pitié
Pour neant on ſi rompt la teſte
Qui y veut reſiſter en beſte
La mort à nul luy ne complaiſt.
Il faut tous danſer à la feſte
Mourir conuient quand à Dieu plaiſt

Preterit ista dies nescitur origo secundi.   An laboran requies sic transit gloria mundi.

La mort.

Femme d'acueil & amyable
A festier gens à planté
Acquis auez amis de table
Pour parler de ioyeuseté
Le temps est tel qu'il n'a esté
Rien ne vaut icy vacabond
Parler , qui n'est que vanité
Ceux qui ont le bruyt n'on le bond.

La femme d'acueil.

Auiourd'huy parens & amys
Promettant biens mons & merueilles
Et quand voyent qu'on est bas mis
Ils baissent bien tost les oreilles
Et sont aussi lours comme fueilles
Que vent faict voller par deux coulpes
Et que valent promesses telles
Vrays ne sont pas les amys doubles.

La mort.

Apres nourrice vostre beau filz
Nonobstant son conuertoir
Et son beau bonnet de trois filz
Vous ne le menerez plus iouër
Sans delay vous faut desloger
Car tous deux vous mourrez ensemble
Vous ne pouuez plus icy targer
La mort prend tout quand bon luy séb

La nourice.

A ceste danse , faut aller
Comme faict lauandiere en seine
Ie voudroye bien reculer
Mais ie me sens la bosse en laine
Entre les bras , de mon allaine
C'est enfant meur d'epidimie
C'est grand pitié de mort soudaine
Nul n'est qui ait heure ou demye.

Quid profunt equelæ, quid deliciæ, nun defendunt á verme, non eripiunt á fetore.

La mort.	*La mort.*
Se vous auez sans fiction	Venez apres ma Damoiselle
Tout voftre temps serui à Dieu	Et serrez tous vos affiquetz
Du cœur en sa religion	N enchaut si estes laide ou belle
En laquelle auez faict veu	Laisser vous faut plaindz & quacquetz
Celuy de qui auez ádueu	Plus vous n'yrez en les banquetz
Vous recompensera loyaument.	Ou on sent si souef l'eau rose
A son vouloir en temps & lieu	Ne verrez iouster à rocquetz
Bien faict requiert bon payement.	Femme font faire mille chose
La Prieure.	*La Damoiselle.*
C'estoit en ma Religion	Que me valent mes grands atours
Seruir à Dieu tout mon desir	Mes habitz ieunesse, beauté
Au cloistre par deuotion	Quand tout me faut laisser en pleurs
Dire mes heure à loisir	Outre mon gré & volonté
Or m'est venu la mort saisir	Mon corps sera tantost porté
Au monde n'ay point de regré	Aux vers & à la pourriture
Face Dieu de moy son plaisir	Plus ne sera pour moy iousté
Prendre doit on la mort en gré.	Ioye mondaine bien peu dure,

Post carnis vitam per blandimenta patitam
Effereor id calatos non reditura meos.

Nemo tamen credat quod ab ista luce recedat.
Binos post annos dost longe crimina vitæ.

Non ex difformitate corporis difedatur animus: fed ex putrudine anime defedatur corpu.

La Mort.

Ha pauure femme de vilage
Suyuez mon train fans retarder
Plus ne vendrez œufs ne fromage
Allez voftre panier vuider
Se vous auez bien fçeu garder
Pauureté patience & perte
Vous en pouuez bien amende
Chacun trouuera fa deferte.

La femme de vilage.

Ie prens la mort vaille qui vaille
Bien engré & en patience
Gens darmes ont prins ma poulaille
Et ont eu toute ma fubftance
De pauure gens nul luy n'en penfe
Entre voifins n'eft charité
Chacun veut auoir grand cheuance
Nul n'a cure de pauureté.

La mort.

Et vous madame la gourrée
Venduz auez maints furplis
Dont de l'argent eftes fourrée
Et en font voz coffres remplis
Apres tout fouhait accomplis
Conuient tout laiffer & bailler
Selon la robbe on faict les plis
A tel potage tel cuillier.

La vieille.

A tout mon cas bien recognoiftre
Ie n'ay pas vefcu fans reproche
Me fuis affublée de mon maiftre
Comme faict coquin de fa poche
I'ay fouuent mis fes vins en broche
Et l'ay faict deprendre en ma guife
Mais maintenant la mort s'approche
Tant va le pot à l'eau qu'il brife.

Pauperies si leta venir ditissima res est.

La mort.

Approchez vous reuenderesse
Sans plus faire icy demourée
Vostre corps nuict & iour ne cesse
De gaigner pour estre honorée
Honneur est de pauure durée
Et perd en va moment d'heure
Au monde n'a chose asseurée
Tel rit matin qui au soire pleure·

La reuenderesse

Hier ie gaignay bien deux escus.
Pour surfaire suptillement
Ie ne sçay qui les ma tollus
Argent acquis mauuaisement
Ne faict ja bien communément
Helas? ie meurs c'est autre mets.
Que Prestre aie hastiuement
Car il vaut mieux tard que iamais.

Tristi or immensas pauper adoptat opes,

La mort.

Femme de petite value
Mal viuante en charnité
Menez auez vie dissolue
En tous temps, yuer & esté
Aiez donc le cœur espouuenté
Car vous serez de pres tenue
Pour mal on est tourmenté
Peché nuist quand on continue.

La femme amoureuse.

A ce peché me suis soubmise
Pour plaisance desordonnée
Pendu soit qui m'y à mise
Et au mestier abandonnée
Et se i'eusse esté bien menée
Et conduicte premierement
Iamais ny eusse esté trouuée
La fin suy le commencement

La mort.

Venez ça garde d'accouchées
Dressé auez maints baings perdus
Et ses courtines attachées
Ou estoit beaux bouquets pendus
Biens y ont esté despendus
Tant de mors dicts que c'est vn sōge
Qu seront apres chers vendus
En la fin le tout vient en ronge.

La garde d'acouchée.

I'ay voirement dressé maints baingts
Tout les comperes & commeres
Qu ont esté pastez de coings
Mangez d'arioles, goyeres,
Tartes & faict mille grands cheres
Sitost qu'on oste la table
Il n'en souuient à nulluy gueres
Ioye de manger est peu durable

La mort.

Tirez vous pres gentille filette
Bailliez moy vostre doigt menu
il faut que sur vous la main mette
Vostre dernier iour est venu
mort n'espargne gros ne menu
Grand ou petit luy est tout vn
Paier on doit le temps venu
La mort est commune à chascun.

La ieune fille.

Or ma mere ie suis happée
Voiçy la mort qui me transporte
Pour Dieu qu'on garde ma poupée
Mes cinq pierre ma belle cotte.
Ou elle vient tout elle emporte
Pour le pouuoir que Dieu luy donne
Vieux & ieune de toute sorte,
tout viens de Dieu tout y retourne,

La mort.

Marchez auant Religieuse
De vos faicts conuient rendre compte
Se point n'auez esté piteuse
Aux pauures, ce vous sera honte
En paradis point on ne monte
Fors par degrez de charité
Entendez bien à vostre compte
Tout ce qu'on faict y est compté.

La Religieuse.

I'ay faict partout ce que i'ay peu
Aux pauures selon leur venuë
Malade pensez, & repeu
Non si bien que i'estoie tenuë
Mais si faute m'est aduenue
Dieu me pardonne la defaille
Sa grace tousiours retenue
Il n'est si iuste qui ne raille

La mort.

Oyez on vous faict à sçauoir
Tous que ceste vieille sorciere
A faict mourir & deceuoir
Plusieurs gens en mainte maniere
Et comdannée comme meurdriere
A mourir ne viura plus guere
Ie la meine en mon cimetiere
C'est belle chose de bien faire

La sorciere.

Mes bonne gens aiez pitié
De moy las pauure pecheresse
Et me donnez par amitié
Don de pate nostre ou de Messe
I'ay faict du mal en ma iennesse
Dont ay achepté la peine
Ie prie Dieu que mon ame addresse
Nul ne peut contre la fortune.

Si quis sentiet quod tendit & vnde venit   Numquamgauderet, sed omni tempore fleret.

La Mort.

Dieu aime bien femmes deuotes
Qui ont leurs conscience nettes
Et hait sur toutes les bigottes
Portant chapperons sans cornettes
Comme aucunes sœurs collectes
L'esquelles par hipocrisie
En secrets pechez sont infectes
Deuant Dieu & sa compagnie.

La bigotte

Pour verité me suis monstrée
Souuent meilleure que n'estoie
Aucunesfois bien desieunée
Faisant semblant que ie ieusnoie
Et de ma bouche barbetoie
Sans dire vn seul mot ne lettre
Ie prie à Dieu qu'en bonne voie
Luy plaise ma pauure ame mettre

La mort.

Sus tost margot venez auant
Estes vous maintenant derriere
Vous d'eussiez la estre deuant
Et dancer toute la premiere
Quel contenance quel maniere
Ou est vostre fille marotte
Ne faut faire si maigre chere
Aussi bien dance sot que sotte.

La sotte.

Entre vous coincte & iolies
Femme oiez ce que vous dicts
Laissez à heure vos folies
Car vous mourrez sans contredicts
Las si i'ay mes faict ou mesdicts
A ceux ie demande pardon
Et requiers à Dieu Paradis
Demander ne puis plus beau don.

La Roine morte.

Ie'eftoie Roine couronnee
Plus que autre douteé & crainéte
Qui fuis icy aux vers donnee
Apres que de mort fut atteinéte
Sur la terre ie fuis contrainéte
D'eftre couchee à la renuerfe
Parquoy eft dure ma complainéte
Bien charie droiét qui ne verfe.
Prenez icy qui me regardez
Exemple pour voftre profit
Et de mal faire vous gardez
Ie n'en diéts plus il me fuffit
Sinon que celuy qui vous fit
Quand il voudra vous deffera
Deffaiéts eftiez quand vous refit
Qui bien fera bien trouuerra.

l'Acteur.

Vous feigneurs, & vous auffi dame
Qui contemplez cefte peinéture
Plaife vous prier pour les ames
De ceux qui font en fepulture
De mort n'efchappe creature
Allez venez, apres mourrez
Çefte vie qui bien peu dure
Faiétes bien vous le trouuerez.
 Iadis furent comme vous eftes
Qui ainfi dance en façon telle
Allans parlans comme vous faiétes
De gens morts il n'eft plus nouuelle
Ne il n'en chaut d'vne finelle
aux hoirs, ne amis des trefpaffez
Mais qu'il aient argent ou vaifelle
aiez d'eux pitié c'eft affez

MORT MENASSE L'HVMAIN LIGNAGE.

A mort à mort, à mort tout homme
Puis que i'ay sur vous seigneurie,
Pour auoir mangé de la pomme,
Qui vous estoit dessus la vie.

Prohibée de n'en manger mie,
Pour icelle transgression
Tu en mourras ie t'en affie
Toy & toute ta generatione

Mort declare icy sa puissance à
nature humaine.

Ie suis la mort de nature ennemie
Qui tous viuans finablement condemne
Anichilant à tous humains la vie
Reduicts en terre & encendre tout homme
Ie suis la mort qui dure mesur homme
Pour ce qu'il faut que meine tout afin
Ie n'ay amy, parent, terre ne afin
Que ne le face tout rediger en poudre
Et lois de Dieu à ce commises afin
Quel hôme doute autant que resonant foudre

Mort fut engendré d'Adam & d'Eue.

Fut & Adam puis leur creation
En transpassant la diuine ordonnance
Eux commettant preuarication
Se sobeirent à mon obeissance
En me donnant plein pouuoir & puissance
Sur eux de faict & leurs prosperité
Pour les meurdrir de mon auctorité
Si entray lors en paisible saisine,
D'aneantir en toute humanité
Bois fueille, & fleur, fruict bouté & racine

Mort fit mourir Abel.

Cayn me fut la premiere ouuerture
En respandant le sang d'Abel son frere
Qui lois fut mis premier soubs couuerture
De la terre qui estoit sa grand mere
Ce qui tenoit lors grand angoisse amere
Et de mon dard à la poincte subite
Qu'il est si griue mordante & despite
Qu'elle abbat ius tout fort bras sagitaire

Et donne à tous sans ce que vn en respire
Plus hideux coups que canon ne vulgaire.
        Mort depuis faut mourir
        toutes gens.
Ainsi doncques en possession mise
Pour de mes droicts paisiblement vser
Ay prins depuis à ma seule deuise
Ceux qui m'a pleu sans faindre n'abuser,
Et n'ay voulu affrainchir n'ez cuiir,
Bonté, beauté, vertu, sens ou vaillance
Que n'aie faict venir à ceste dance
En general toute chair naturelle.
Qui fut iadis par obeissance
Soub-mise à ma loy mortelle.
        Mort pour tarder ne faut à venir.
Dessus ce bœuf qui s'en va pas à pas
Assise suis, & ne le haste pas
Mais sans courir ie mets à grief trespas
Les plus bruyans quand mon dard si les point
Ie picque poins, quand ie cognois mon point
Sans adulier qui à assez vescu
Et il ne crains ne targe ne escu
Quand il me plaist ie poins & esguillonne
Et ne sera iamais mon dard vaincu
Par Roial sceptre ou florissant couronne.
        Mort prend gens endormis en leur aise.
Aise souuent sans flutte & sans tambour
Endort les gens entre tant que ie viens.
Le entrenant mois à mois, iour à iour
Les faict passer sans en aduertir riens
Ils s'endorment sur leurs temporels biens
Et n'ont de moy souuenance en memoire
Ains estiment leurs terrienne gloire
Peu durable comme incorruptible
Iusques ie viens que fiers de mach assoueré
Pour leurs donner effroy grief, & terribles.
        Mort par guerre.
Dieu plusieurs fois en vengeance cruelle
Donne au pecheur qui sont viuant sur terre
Par leur pechez dissentions mortelles
Que l'homme humain nomme expressement
        guerre
I'ay abbatu tant de viuans à terre
Que mon dard est tout tainct en rouge sang
Et quand aucun en est frappé tout franc
Ie la respit mais il est court & brief
Car puis apres quand ie cherche le ranc
I'assiez sur luy mon dard par vn coup grief.
        Mort par famine.

Autre pais est pury par famine
Par les pechez du peuple ou du Prince.
Par ces mers cy où tousiours renge & mine
Plusieurs terres, region & prouince
Et tant en prens, tant en romps, tant en pine
Qu'on ne les peut nombrer, dite cu elective
L'en gaste à coup vn Royaume vn Empire
Qui sont contraincts à pourement mourir
Et n'est qui pour à mon dard contredire
Pour languissant en ce cas secourir,
        Mort par mortalité.
Et plusieurs fois ma bonne chambriere
Mortalité est en terre transmise
Qui maint milliers en fait coucher en biere
Pour les exploicts qu'elle tient en franchise
Humanité est à elle soubs mise
Et soubs son ioug à encliné le chef
Et luy faict maintes-fois à grand meschef
Diminuant rudement ses suppots
Et pour auoir de ses subiects le chef
Elle abbat tout sans aduiser propos,
        Mort à mes verge.
Par le moyen de ces trois verges dures
Plus cruelles que deuorant lions
I'ay eu iadis d'humaines creatures
En plusieurs lieux par infinis millions
Et tant defaict que maintes regions
Sont à present pour ce inhabitées
Qui de mon dard ont esté sagittées,
Et puis n'ont eu, ne secours, ne recourse
Compte ne faicts de voyes limittées
Quand pour punir le createur se courouce;
        Mort maladie sa chambriere.
Comment aussi ma loyalle seruante
Maladie reçus ius plusieurs corps
Mais de tuer tousiours point ne se vante
Ains eschappe d'elle aucuns pour lors
Et nonobstant qu'ils ne sont pour lors mort
S'ils n'ont il souuent mout long respit
Car tost apres par vn trop grand despit,
Souuentes fois les frappe & renuerse
Et n'ont loisir de languir en leur lict
Puisque le fier d'estoc à la renuerse
        Mort accident seruiteur.
Car accident qui ne dort ne se sommeille
Ains est tousiours au guet ou en embusche
Plusieurs meurdrist vaine occist & trauaille
Et par moyens trop diuers il les huche

L'vn chet en l'eau ou de haut il tresbuche
L'vn meurt de chaut & l'autre aussi de froit
Et meurt de dueil, l'autre meurt par poison
L'vn meurt à tort & l'autre meurt à droict
Par accident qui en donne à choison.
Mort à brigans qui la seruent.
Et ces brigans meurdriers, larrons de bois
Amis de mort & serf diaboliques,
Par accident font maints cruaux exploicts
Lesquels approuue & tient pour attentique
Il tient ses gens par voie trop labrique
en meurdrissant maintesfois innocens
l'en ay par eux tous les iours plus de cens
Qui sont à moy piteusement rendus
Et tost apres par bon droict ie consens
Que les larrons soient au gibet pendus.
Mort qui à Iustice qui la sert.
La iustice qui souuent enticipe
Plusieurs larrons faict à son gibet pendre
et les de part l'vn & l'autre disipe
Pour les faire venir en mes mains tendre
Et si ie veux lors mon pouuoir estendre
L'vn est noyé, l'autre decapité
L'autre en espoir pour vn remos respiré
Pardon de princes ou par quelque aduenture
Mais tost apres sans mercy ne pitié
Ie les tresbuche en terre & pourriture.
Mort n'a de nulluy craincte.
En mes exploicts ne retrainct ne modere
Pour vaillance, noblesse, ne hauteur
l'attains à coup sans que nulluy d'iffre
Beauté, sçauoir, force, sens & valeur,
Prenant autant le Roy ou l'Empereur
Que le plus serf point ny fait difference
Car ie ne crains honneur ne preminence
Lignage sans richesse, ou hardiesse
Ains faict souffrir a tous penitence
Du poignant dard que pour tuer ie dresse
Mort abbat toute mondanité.
Ie faicts finir accoup beauté mondaine
et odeur tourne en puant fiens
Ie faicts tarir la source & la fontaine
Ie faicts pourir autant gens que fiers
Fresche couleur faict retourner en riens
Le sang muer, & les vaines contraindre
Rompre les nerfs & claire vaines estaindre
Le sens mouuoir, ses yeux perdre lumiere
Et quand ie yeux de mondar fort attaindre

Il n'est si fort que ne renuerse en biere.
Ces corps bien faicts ces feminins visages
Dorolotez par tout mignotement
Painct & fardez reluisans commes images
Ie faicts fluttrir & puir laidement
Et par vn dard en vn tout seul moment
Faicts rediger vne dame ioyeuse
en grand laideur horrible & hideuse
Donnant aux vers la chair tant bien mourris
Qui est par moy mise en fin trespiteuse
Pour retourner en matiere pourcie,
Donnant ainsi mes douleureux assaux
Faicts oublier tous les estats mondains
Et par tels heurs maints marris & vassaux
Oste l'espoir de Dieu & de ses Saincts,
Car quand ils sont serrez entre mes mains
Le pas mortel par la dure rigueur
Leur donne angoise & extresme langueur
Tant & si forte qu'ils perdent souuenance
Pourquoy memoire est hors de sa vigueur
Et Dieu est mis souuent en oubliance.

Ie faicts aux bons le chemin & passage
pour les garder iusques au lieu de ioye
Les conduissant droict à leur heritage
Ainsi qu'ilsont pelerins la mont ioye
Mais aux mauuais ie despesche la voye
Par ou ils vont en eternel supplice
Faisant doncques l'exploit de mon office
Meine chacun au lieu de sa deserte
Soit de vertu ou soit de malefice
Ils ont par moy, ou le gain ou la perte.

Tout homme est né pour mourir vne fois.
Voila le mets de la fin de ses iours
Mais plusieurs sont qui cuident toutesfois
Fuir mes mains par veritables tours
et sont des gens pensans viure tousiours
A quierent biens & font grands edifices
Veulent regner & auoir grands office
Mais quand ie viens accoup les des-herite
et n'ont en fin de tout leur artifices
Riens perdurables exepté le merite.

Ainsi doncques menestriers si gent
Par leur beau ieu & attrayant maniere
Finablement font venir toutes gens
Ceans dancer á la dance derniere

Et ie te mets tout en recluse taniere
Faisant payer le tribut naturel
Qui est assis sur tout homme mortel
Pour le reduire en la fin corruptible
Car puis qu'il est commis en vn lieu tel
Il faut qu il ait en fin vn coup terrible.

Dansez doncques viuans aux instrumens
Et aduisez comme vous le ferez
Apres dancer viendrez au iugement
Auquel estant examinez serez
Et la tout prest le iugement trouuerez
Qui de vos faicts vous rendra le salaire
Qui bien sçaura danser pour luy complaire
Aura vn pris riche & inestimable
Et le meschant aura pour satis-faire,
Feu eternel puant abominable.

Balade.

Puis qu'ainsi est que la mort soit certaine
Plus qu'autre bien terrible & douloureuse
Et que la chose ne peut estre incertaine
Puis que en l'heure horribles & angoisseuse
Et soit si briesue & par tant perilleuse
La noble vie en ce mal miserable
Il m'est aduis pour le temps conuenable
Que nous deuons du tout entierement
Pour bien mourir & viure longuement.

Delaisser doit toute ioye mondaine
Et mener vie humble & religieuse
Qui monter veut à la tressouueraine
Cité des Cieux qui tant est glorieuse
Le cótempler doit tousiours l'ome heureuse
Qui aime de Dieu & hayt œuure de Diable
Suyure les bons estre à tous charitable
Soy confesser souuent deuotement
Faire aumosne qui tant est profitable
Pour bien mourir & viure longuement.

Trop s'abaie tout homme qui demaine
Orgueil en luy & vie ambitieuse
Quand il sçait bien que la mort tout ameine
Qui vient souuent soudaine & merueilleuse
Mais doit penser la passion piteuse
Du Redempteur & la peine doutable
D'enfer sans fin qui est inénarable
Le iour du diuin iugement.

Et ses pechez comme sage & notable
Pour bien mourir & viure longuement,

Mortelle femme & ame raisonnable
Si apres mort ne veut estre damnable
Tu dois le iour vne fois seulement

Le premier mort.

Si mon regard ne vous vient à plaisir
Par sa hideur qui est espouuentable
Prenez en gré cognoissans le desir
Parquoy pretens qu'il vous faict profitable
Il n'y à point de moyen plus traictable
Les cœurs à bien, que ie le fay cognoistre
Cognoissez donc que par moy vous faut estre
Et preparez a mort vostre inuentoire
Las fils d'Adam tous mourir est notoire.
Las toy mondain contemple ta maniere
Vn temps fut vif que i'auoye beau visage
Pour yeux rians las i'ay troux de tariere
Conduits à vers pour faire leurs passage
Le dam d'autruy si te rende dont sage
Car comme moy tu deuiendras en poudre
Tout picoté comme dey à coudre
D'vn tas de vers desquel seras repas
A tous humains conuient passer le pas.
Le second mort.
Le temps durant que iestoie en ce monde
Honoré fut par ma haute puissance
Mais mal gardé ma conscience monde
Dont i'ay remord qui me point à outrance
Qu'esse d'honneur, qu'est ce aussi de iactance
Que les fagots pour enfer allecher
Vain est le fol qul faicts bas tresoucher
Car n'est seureté cy bas on prend gesine
Qui trop haut monte il aime sa ruine
Larmes respans de forcenée rage
Se la douleur qui me tient exessiue
Quand par mes maux ie souffre par outrage
Si i'ay semé il faut que ie messiue,
Las que fera ma pauure ame chetiue
Pour se purger des pechez qu'ay commis
Gaigner ne puis ce n'est pas mes amis
Car suis vn ver qui ne puis rien qui vaille
Qui faict peché en payera la taille,
Le tiers mort.
Dieu crea tout & benist de sa dextre
Fors que peché, que peut donc peché estre

Qu'esse de luy, dequoy print il engeance
Peché n'est rien fors que cesser le bien,
S'il ainsi parquoy requiert pedance
Quand Dieu nous fist garnis de franc arbitre
Mais mal elleus qui prent le sien pour mien
Dieu delaissant pour sentir son chapitre
Ainsi enfer sur nulluy n'a doctrine
Que par ces mots ou par ces actions
Qui plus y met plus y prent grand voicture
Nul n'est blessé que de ses passions
Du iusticier ne des corrections
N'est acquerir car il est droicturier
Bien est heureux qui va le droict sentier,
Car tel aura son iuge à protecteur
Combien quil soit patient redempteur
　　Las il estoit qu'eusse espace donné
Le temps d'vn iour pour faire penitence
Quel dueil, quel pleurs, helas qu'elle menée
Seroit mon corps dedans ma conscience
Or n'est appel apres ceste sentence
Ou me prend espoir d'auoir mieux
Ieune ne vieux ie ne puis quand suis vieux

Du repentir l'heure si est faillie
La fol ne crit tant qu'il voit follie
Il appert donc par bien viue raison
Que fol espoir de viure longuement
Me fist iadis quand i'estois en choison
De mon salut ou de mon damnement
A pied leué fut surprins chaudement
Et sans arrest de mon faict fut la saisine
Mais bien faict Dieu qui l'heure ne termine.
Qui ne la craint en grand danger se boute
Quand l'œil ouuert en ses fais ne voit goutte
Depuis que mort dessus tous à droicture
Efforcez vous d'auoir des mœurs l'eslite
Gaignez les cieux deuant la pourriture
Apprestez vous contre la mort despite
Voyez aussi qui en voye petite
Trop meschamment ont leur delicts passez
Ieunes & vieux sont ensemble entassez.
Et prie ceux qui verront ceste histoire
Les trespassez qu'ils ayent en memoire.

Vne grand vision en brief escripte
Iadis fut reuelé à Philebert l'hermite
Homme de Ste. vie & de grand demerite
Quiconques par luy ne fut parolles dicte
Il estoit grand au siecle de grand extration
Mais pour fuir le monde & sa deception
A luy fut reuelée ladicte vision
Tātost deuint Hermite en grand deuotion
Par nuit quand le corps dort & l'ame souuent
    veille.

Aduint à ce preudhomme vne mout grand
    merueille   otefte
Car il vit vn corps mort murmurant à son
Et l'ame d'autre part du corps s'esmerueille
L'ame se plaint du corps & de les grands
    outrages
Le corps respond à l'ame tu as fait les dōmage
Or alleguerent raison & puis apres vsages
Tout ce retient l'Hermite comme preud-
    homme & sages.

Comment l'Ame parle au Corps.

E dolent corps dit l'ame que tu es
    deuenu
Deuant hier tu estois pour sages.
    homme tenu
Deuant toy s'enclinoient le grand & le menu

Or est soudainement à grand honte venu
Le monde te portoit reuerance & honneur
Les grans & les petits te reclamoient seigneur
Il n'y auoit celui qui n'eust de toy grans peur
Or as tout perdu ta gloire & ta valeur.

H ii

Ou font tes grãs maifons & tes grans edifice
Ton palais & tes cours painte de couleur riche
Ou font tes efcuyers mis en diuers offices
Ton fés & ta memoire bien es mufard & nice
Bien eft le dy changé & la chance tournée
En lieu de grans palais & de chambre parée
Dedans terre fept pieds eft ta chair enferrée
Et ia par tes mesfaicts enenfer fuis damnée
Helas Dieu m'auoit faicte fi noble creature
De mout noble mattiere de mout noble figure
Et apres par baptefme m'auoit faict nette &
        pure.
Mais ie fuis en peché par toy & ton ordure
Par toy dolente chair fuis de Dieu reprouuée
Ie puis bien dire helas : pourquoy fus ie onc-
        ques née
Mieux me voufift cacher que fuffe annichilée
Ou du ventre ma mere au fepulche portée
Tant que tu as vefcu en la mortelle vie
De toy bien ne me vint ne de ta compagnie
A peché m'a attraict & à faire follie
Dõt feront en douleur qui ne nous faudra mie
Noftre peine furmonte le mal & le martire
Mais quand dure toufiours la peine en eft
        tant pire   (ne dire)
Que cœur qui foit humain n'en fçeuft penfer
Sans confort ne remede tout greuer iefoufpire
Ou font tes licts de plumes tes linges & féteurs
Et tes draps d'efcarlate de diuerfes couleurs
Les efpices confictes de diuerfes faueurs
et tes piges dargent pour feruir les feigneurs
Ou font tes efperuiers & tes nobles oifeaux
Tés chiens & tes leuriers courant en fes bois
        hauts
Ou eft la fauuagine, ou es tes gras morceaux
Le faict de ta maifon enuers toy mout s'ap-
        proche,
Quand tu es la bonté tu és comme vn croche
Tu n'as membre fur toy qui n'ait aucun re-
        proche,
Os, chair & cuyr pourri ni adent qui ne loche
Tu as par grand peché mout de biens amaffez
Par force de barats ton ferment es fauffé
Par peine & par labeur tu as ton corps laffé
Mais en vne feule heure tous s'en eft ia paffé
Tu n'euz oncques parens ne amis en ta vie
Qui n'euz honte de toy & de ta compagnie
Tel fe uant ta magnie ne donneroient pout
        toy vne pomme pourrie

Ils fe paffent de toy mout bien legerement
Car ils ont maintenant à leur commandement
Ton or & tõ argent & tõ grand tenement
Et n'as du demeurant fors que ton damnemét
De toutes richeffes de toute ta cheuance
Qu'as au monde laiffée en mout grande a-
        bondance
Ne donneront pour toy ne pour ta deliurance
Dont vn pauure homme peut prendre vn
        iour fubstance
Or peut dolente chair fentir & efprouuer
Parquoy on doit le monde fuyr & reprouuer
Car nul ne peut en luy que fauffeté trouuer
Et ne peut on mieux que par la mort
        prouuer.
Tu n'as robe d'ouurier qui riches robe taille
Tu és de la lignée de pauure garfonnaille
Tu ne feras iamais à pauure gens la taille
Iamais n'auras cheual pout entrer en bataille
Tu nas pas maintenant la peine & le tourmét
Que ie fouffre pour toy & fans allegement
Mais tu l'auras apres le iour du iugement
Quand reuiendras en vie fi l'efcriture nement
Regarde bien ta vie & puis ta mort temire
Tu as efté tirant qui toufiours prent & tire
Or te tire le verd qui te rompt & dechire
A mõ parler mets fin car plus ne fçay que dire.

L'Aucteur.

Quand le corps voit que l'ame fi tres-fort le
        demeine
Les dent eftrainct mout fort & la tefte mout
        meine
Lors gemit fort & pleure & met toute fa peine
Comment refpirer puiffe & rendre fon aleine.
Quand eut leué la tefte & la vigueur re-
        prife
Il a dit à l'efprit, i'ay mal mis mon feruice
Prins aplein contre moy mais quand bien
        ie aduife
Tu ne finiras pas du tout à la deuife
Il n'eft pas de merueille de la chair le mesfait
Legerement encline legerement deffait
Et ce qui eft en elle n'y a rien de parfaict
Ce que raifon ordonne & ce que raifon faict
D'vne par l'ennemy d'autre le monde tue
Pource la pauure chair ne peut auoir tenue
Que ne foit par delict de leger abbatue
Ou par confentement defconfite & perdue
Mais ainfi que tu dis Dieu ta faict & crée

Du sens & de raison noblement aornée
Tu és du tout madame à tout ie suis donnée
Ta chambriere suis & par toy gouuernée
Puis doncque Dieu t'a donée sur moy puissâce
Et t'a donné raison & clere cognoissance
Tu d'eusses bien estre de telle pouruoeance
Que peché deussent faict par ma grand igno-
    rance.
Pource tous sages hommes doit sçauoir &
    entendre
Que l'ame en doit blasmer qui ne se veut
    deffendre.
Que l'on ne doit la chair ne blasmer ne re-
    prendre.
Le corps laisser remplir & les gras morceaux
    prendre,

L'esprit du tout doit la chair bien gouuerné
Ne faim ne froid, ne soif ne luy fait enduré
Les delices du monde la font demesurer
Autrement sans, peché ne peut la chair duré
L'ame doncques si à la chair en sa commande
A la chair conuient faire ce que l'ame commáde
Si tient à grand folie contre moy la demande
Si nous faisons folie ne sçay qu'elle demande
Tu as du bien & mal parfaicte cognoissance
Si i'ay fait bien ou mal c'est tout par ta licence
Car bien sçay que sás toy ie n'ay nulle puilláce
Doncques tu dois porter du tout la penitence
De toy vient le peché de toy vient la folie
Ie ne puis plus parler me te desplaise mie
Car ie sens entour moy si grande maladie
Qui me mort & me rônge or t'en va ie te prie

Cy respond l'Ame au corps.

Lors dit l'ame à la chair encor n'es tu au
    point.
Delaisser la querelle & le plaid en tel point
Car ta parole amere ou de douleur n'a point

La coulpe met sur moy & durement me point
Chair pauure & dolente pleine d'iniquité
Ta mauuaistié m'a faict perdre ma dignité
En tes parolles n'a aucunes verité

Mais tout le demeurant est plein de vanité
Verité est que l'ame doit le corps addresser
Mais la chair ne se veut par l'ame corriger
Si l'ame se repent ne faict que rechigner
Rien le corps ne veut faire que boire & mãger
Quand le corps doit ieusner lors a mal en la
    teste.
S'il ne boit au matin c'est vne grand tempeste
Vn peu de penitãce lui faict si grand moleste
Qu'on ne peut de lui traire ioye, ne ris, ne feste.
Ie d'eusse bien auoir par droict la seigneurie
Mais tu la m'as osté par ta forcenerie
Tes delices charnels ta dolente folie
Au parfond puits d'enfer nous font hostelerie
Bien sçay que i'ay failly que ne t'ay refrenée
Mais par ta flatterie i'ay esté barratée
Par les delits mondains apres toy m'as menée
Contre toy en doit estre l'a sentence donnée
Tu és tousiours allée le chemin & la voye
Des delits corporels que ie te deffendoye
De l'enemi d'enfer qui tousiours no⁹ guerroie
Pource perdu auons de paradis la ioye
Ce nom du barateur doit bien le monde auoir
Car adonc quand il veut de pecheur deceuoir
Plus leur donne de bien richesses & auoir
Puis le faict par la mort leur pauureté
    sçauoir
Le monde deuant hier te monstroit braue
    visage
Richesse te donnoit beauté & grand lignage
Et si te promettoit de viure par grand aage
Il t'a du tout failly perdu en as l'visage.
    La face t'a esté souuentesfois mirée
Tes mains, tes pieds, tes bras souuent mis
    en buée
Bien puis dire que sus de trop mal'heure née
Quand par tes grands delices maintenant
    suis damnée.

Quand le corps void que l'ame si forment
    se reprend
A crier & à braire & à plorer se prend
Ioye n'est plus en luy tristesse le comprend
Puis apres par parolle simplement se re-
    prend.

Cy respond le corps à l'Ame & dit.

H'as quand ie souloye hautement
    maintenir
Mes grands possessions & mes terres tenir.

Lors oncques de la mort ne me peut sou-
    uenir.
Ne iamais ne cuidasse a tel honte venir
Ie voy la mort venir qui si forment m'attrappe
Commandement de roy ny vaut rien
    de Pape
Ny vaut or n'y argent manteau fourré ne
    chappe
La mort faict tous & toutes arrester en sa
    trappe
Ame es tu damnée apres ie le seray
Tu souffre maintenant apres ie souffriray
Mais assez doibs souff.ir plus que ie ne feray
Et par mont de raisons que ie te monstreray
Quand la saincte escriture nous dit & nous
    racompte
Que tant que Dieu plus faict & plus haut
    l'homme monte
Tant plus estroictement luy fera rendre
    compte
Et si faut a compter tant plus sera à honte.
    Dieu ta donné raison, sens & entendement
Force pour faire tout le sien commande-
    ment
Volonté pour fuyr le mauuais iugement
Tu en rendras le compte au bout du iugement.
De tes nobles puissances as folement vie
Ten temps as dependu & si à trop musé
Pource est deuant Dieu durement accusé
Et Dieu par sa raison Paradis refuse.
    Mais de ce que à peu ceste pauure poudrier
Que la vermine assaut par deuant & derriere
Dieu ne m'auoit donné puissance ne maniere
Ou ie peusse sans toy aller deuant ne derriere
La chair ne peut sans l'ame ny venir ny aller
Monter en Paradis, en enfer deualler
Sans elle ne peut ouyr ne sentir ne parler
Ne les nuds reuestir ne le pauure hosteller
Mais si l'ame vouloit ouurer en bonne guise
Aimer nostre seigneur & faire son seruice
Elle meneroit du tout la chair à sa diuise
Et tu ne l'as pas faict pource seray mal mise
De la saincte Escriture tres bien il me souuient
Qui dict qu'au derriere releuer me conuient
Helas dure sera la iournée qui aduient
Qu'en peine corporelle deuient.

L'ame respond au corps.

A Donc c'est mise en grande afflic-
tion,
Hé pourquoy suis-ie faicte de telle condi-
tion
Que ie viuray tousiours sans termination
Puisque ie suis obligé à tel damnation
Ie tiens la beste muë moult fort bien heurée
Car quand le corps deffaut l'ame est tost finee
Pour ce me voulsist mieux que fusse annichi-
lée
Ou du ventre ma mere au sepulchre portee.

Le corps demande à l'ame.

R Esgond mey dist l'ame à ce que tu de-
mande
Ceux qui sont en enfer en si grand peni-
tence.
Comme tu vas disant ont ils point d'espe-
rance
De leur allegement ny de leur deliurance
Les nobles gentils qui sont en haut partage
Les riches qui ont or & argent à outrage
Sur les autres damnez ont ils point d'auan-
tage
Pour or ne pour argent pour sang ne pour
lignage

Cy respond l'Ame au corps.

L A demande dist l'ame est trop peu rai-
sonnable
Tous ceux qui sont damné ont peine per-
durable
Et selon la science de Dieu ferme & stable
Que force ne pouuoir ne peut faire muable
Se tous religieux prescheurs & cordeliers
Chantoient à tousiours messes, & lisoient
les psaultiers
Et le monde donnast pour Dieu tous les
deniers
N'en tireroient vne ame pour cent mille
milliers
Le diable est tousiours en sa forcenerie
De tourmenter les ames tousiours luy
prend enuie.
Donne luy prie luy, ton corps luy sacrifie
Ia pource n'en aura vn grain ne courtoisie.
Et des peine d'enfer ie diray, la maniere
Sans grace & sans espoir leur peine est toute
entiere
Et de tant comme ils furent plus grands cy
en arriere

De tant souffrent il plus pauureté ou misere
L'auteur.
Lors quand l'ame mettoit a parler toute sa
cure
Deux diables sont venus en leur laide figure
Tant horribles visages tant grand contre
faicture
Qu'on ne pouuoit trouuer en liure n'en
painture
Griffes de fer agues en leurs mains ils te-
noient
Feu gregeois tout puant par leurs guelles
gettoient.
Serpens enuenimez de leurs corps en issoient
A bassins embrassez leurs yeux semblent e-
stoiener
Dont chacun d'eux ietta sa trappe torte
La pauure ame chargerent comme vne beste
morte:
Quand la douloureuse entra d'enfer la porte
Durement se complainct forment se des-
conforte

L'AME.
Entre le mains des diables à haute voix
s'escrie
Secourez moy Iesus tres-doux fils de Marie
Las ne considerez pas maintenant ma folie
Ayez mercy de moy par vostre courtoisie.

Les Diables.
Quand les deux ennemis ont se mot entendu
Criant, dame musarde de trop as entendu
Tout le temps de ta vie tu l'as mal dependu
Donnée est ia sentence & le loyer rendu
Doresnauant ny vant rien plus crier ne braire
Car plus ne trouueras Iesus christ debonnaire
Maintenant te conuient en vn tel lieu retraire
Ou iamais ne verras ne Soleil ne lumiere.

L'Aucteur.
A ces dures parolles le preud'homme s'esueille
Si fut espouuenté ne fut pas de merueille
A telvie demeurer du tout il s'appareille
Dont de tous ses pechez Dieu abfoudre le
vueille
Tantost se ioinct à Dieu & tous honneurs
desprise
Et de tous biens mondains perdit la conuoitise
Aux mains de Iesus christ & à sa commandise
Offre son corps & ame pour faire son seruir
Tout le monde dit il est plain de tricherir

Car il tient en despit la bonne & saincte vie
Vertu est dict il & sagesse folie
Doncques bien fol est homme qui au mon-
de se fie
Cil qui veut estre au monde sage homme tenu
Face qu'il ait deniers argent & or molu
Au dernier de son compte le gain sera menu
Mais de celuy souuienne que quand sera venu
Les vertus de tous tient a la diuinité
Comme foy esperance & dame charité
On les tient auiourd'huy par toute vanité
Barat & tricherie sont auctorité,
On ne croit auiourd'huy es amys Dieu sans
gage
On ne prise vne pomme de bien faire l'vsage
Ia ne seras tenu pour vaillant ne pour sage
Si tu ne sçay honneur ou si n'as grand lignage
Tu seras réputé vaillant & honorable
Si tu as aymè flatteur & tu tient bonne table
Salomon ne dit onc prouerbe si veritable
Qui s'accordast aux tiens fut mensöge oufable
Langue ne pourroit dire de penser corps hu-
mains
L'amitié de tes freres de tes cousins germains
Mais quand ne verrons plus de biens entre
tes mains
Ne te seront amis, ne cousins ne prochains
Aux delices mondains auez trop la pensée
Non plus ne dureront que petite fumée
Car estouppes au feu sont de plus grand durée
Que la pompe de vous qui tant est desiré
Qui pourroit par deniers acheter en sa vie
Sans vieille ieunesse n'auoir melancolie
Santé de corps tout temps sans nulle maladie
De son salut acquerre deuroit auoir enuie
De telle marchandise ne s'entrement la mort
Car pour or que tu aye n'auras à elle accord
Rien ne te vaut ieunesse remede ne confort
A la fin te conuient arriuer à son port
En ce port trouueras dolente establerie
Toutes les branches fort de matieres pourrie
Tu ni trouueras homme qui mot ioyeux te die
Cil qui vient à port toute ioye oublie
Faulseté maintenant est souuent colerée
Innocence est souuent à grand tort condānée
Mais adoncques chacun receura sa liurée
Quand selon son merite sera sa voye donnée
Pource prie à celuy qui si instement liure
Qu'il me doint en ce monde bien maintenir

& viure
Que mon ame à la mort soit de tous maux
deliure:

S'ensuyt la douloureuse complaincte de
l'Ame damnée estant entre les mains
des Diables d'Enfer:

VOus pecheurs qui fort regardez
Cy de moy l'horrible figure
De mal faire cy bien vous gardez
Car ce monde cy bien vous gardez
Aduise chacun en quel cure
Pour les maux que i'ay faict suis mis
Auec faux diables qui endure
En enfer est mon logis
Las le monde m'auoit promis
Que ie viuroye longuement
Mais voyez ie suis icy mis
A iamais sans definement
Et combien que i'eustes souuent
En volonté de m'amender
Par la mort qui m'a prins courans
Ie ny ay peu remedier.
Dont braire me faut & crier
Pour le grief mal & le tourment
Qu'il me conuient cy endurer
A iamais per durablement
Chacun apperçoit vrayement
Que de la mort suis supplanté
Viure cuidoie longuement
Mais enfer ma icy plantée,
Dont vn chacun en talente
Soit bien viure en ce monde
Et que par sa meschanceté
En la mort Dieu ne le confonde
Vray est quand i'estoie au monde
En mal mettroie toute ma cure
Pource qu'en bien ne tenoye compte
Le mal m'en tourne en peine dure.
La raison est puis que n'euz oncques
Fors seulement d'obtemper
A la charongne que larsure
D'enfer me viennent consoler
C'est raison de le comparer
Trop tard ie m'en suis repentu.
Trop tard, à grand dueil ie le dy
Pourquoy ie ne vove tour ne voye
Que iamais ne puisse d'icy.

Iſſir n'auoir nul iour de ioye
Or, argent en ce monde auoye
Dont ie fus fol & glorieux
Car deſordonnement l'aymoye
C'eſt plus que Dieu ne que les cieux.

Larron glouton luxurieux
Plus que nul autre en mon viuant
Ay-ie eſté en tous lieux
Vn faux & meſchant garnement
Felon & luxurieux ſouuent
I'ay eſté toute ma vie
Rauiſſant & fort murmurant
Orgueilleux & tout plein d'enuie.

Helas ma treſ-maudite vie
Que ie racompte en verité
Mon barat & ma tricherie
Mout de tous biens deſ-herité
Car nul n'eſt qui l'iniquité
Peuſt penſer ne le grief tourment
Que ſouffrir me font ſans pitié
Les diables à ce damnement.

Or puis-ie crier en brayant
Las pourquoy fus ie oncques né
Trop mieux me vauſiſt maintenant
Que fuſſe mort & auorté

Puis qu'ainſi eſt qu'abandonné
Ie ſuis és mains de l'ennemy
Et que i'ay eſté condamné
A iamais eſtre auec luy
Pource ie prie & ſupply
Chacun de penitence faire
De ſes pechez affin qu'icy
Ne ſoyez mis dans ce repaire
Penſez donc chacun de bien faire
Afin que voſtre aduerſaire
Ne vous empoigne en ſon lien.
N'attendez pas huy à demain
La mort mercy ne vous fera
Car celuy eſt ennuyt tout ſain
qui demain pas vif ne ſera,

Grande peur doit auoir l'homme
Qui ſa vie à peché donnne
Et ne tient les commandement
Car il en ſouffrira tourments
En enfer perdurablement
Et apres le grand iugement
Qui mout ſera eſpouuantable
Accompagné ſera du diable
S'il n'a icy grand repentance
Et face fruict de penitence.

Qui à bien viure
veut entendre
A mourir conuient apprendre.
Car nul bien viure ne
sçaura.
Qui à mourir appris
n'aura.
Retiens cestuy enseignemens
Pense vne fois tant seulement.
Vn chacun iour que tu
mouras
Apprens à viure moyennement
Ainsi viuras plus seurement
Car de tant plus haut
monteras
Plus a la fin dolés seras
Fuis orgueil aussi auarice
Aime Dieu & garde iustice.
De trop haut monter ne
te chaille
Car le plus haut ne vaut
pas maille.
L'estat du monde est variable
Ne cuide nul qui soit
stable
Le temps se changét en
bien peu d'heure.
Tel rit matin qui au soir
pleure
Tant que tu seras en puissance

Chacun te fera reuerence   Nul ne tiendra de toy plus compte.
Mais si fortune t'est contraire   Et fusse filz de Roy ou compte
Adonc verras chacun retraire   Chacun de toy s'eslongnera

Et comme fol te laissera
Fortune n'est pas tousrours
Pource est comparée à la lune
Qoi croist & descroit en peu d'heure
En vn esta point ne demeure.
Fol est l'homme qui trop se fie
En fortune ie le t'affie
Son estat est trop deceuable
En peud'heure est veritable
Mais que valent ces grands estats
Robbes cottes de taffettas
Chaines d'or, rubis & Aneaux
Diamant & autre ioyaux
Vos oreillettes de velours
Vos grand manches autre atours
En grand queuës trainant à terre
En enfer feront grand erre.
Vos blôds cheueux peignez souuét
Vos grands pompes & dancement
Ne vous peuuent rien profiter
Ne à bien faire inciter.

   Gorriere fut à tort & atrauers
Et maintenant ie fais viande à vers
Plus puante que vieille charongne
Voir le plus à mal hideuse trongne
Regarde tout l'estat du monde
Et premier qui plus y abonde
En richesses & auctorité
Tu y trouueras vanité.

   Que te vaut ce que tu és riche
Puis que tu es auare & chiche
De bien faire tu te retarde
Et si ne sçais pour qui tu garde
Fol est qui trop cuy de estre sage
Et qui baille son corps en garde
Pour assembler trop grand auoir.
Mieux vaut assez que trop auoir.

   Le fol souuent en sa folie
Prend plaisir & se glorifie
En ce qui luy est contraire
Et faute de sens leur faict faire,

   Toy qui mets au monde ta cure
Pense au mal & la peine dure
Que les pecheurs endureront
Quand en enfer tresbucheront.
Tu vois mourir & fols & sages
Foibles, & fors, Rois, & pages
Tu vois que mort n'espargne rien
Pense doncques n'espere rien

Pense doncques de faire bien
   Tu ne sçais quand departiras
De ce monde ou tu iras
Neantmoins croy sur toute rien
Que bien auras si tu fais bien.

   Tu trouueras certainement
Apres ta fin tant seulement
Le bien ou le mal que feras
Et selonce iugé seras,
   Tant que tu vis & as dequoy
Pense en ce monde de toy
Et n'atens pas que tes parens
A la fin te soyent garans,

   Or regardez & aduisez
Qui pour orgueil vous deuisez
Que tel orgueil proffitera
A celuy qui damné sera.

   Regarde ta fragilité
Ainsi auras humilité
Trop grand orgueil t'abaissera
Humilité te haussera
Puis que voyons certainement
Que mourir faut finablement
Pensons doncques de si bien viure
Que d'enfer nous soyons deliure.

L'Acteur.

   Or mes amis ie vous conseille
Que vous pensez à vostre cas
Car l'ennemy qui tousiours veille
Si vous faillez ne faudra pas
Quand viendra vostre trespas
Mettez deuant vous vos pechez.
Desquels vous serez entaschez
Amendez vous ny faillez pas
Aussi fuyez tosiours les lacs
Du diable, & faictes penitence
Et vous serez en asseurance,

Amen,

E N ce petit traicté nous determineros des signes qui procederons le iugement general de Dieu, car nostre Dieu qui tant est misericordieux ne nous veut iamais punir premierement, il ne nous enuoye quelques signes precedans pour no' reciter à faire penitéce. Et selólesdocteurie trouue quatre cignes qui precedrót premierement, & apres viendront quinze autre signes lesquels sainct Hierosme dit auoir trouué és annalles & croniques des Iuifs, desqueis ie parleray par ordie. Le premier signes des signes precedent la fin & consommation du monde sera que la puissance de Sathan, laquelle par la vertu de la Passion du redempteur estoit diminuée & liée, sera laschée & desliée iacoit ce qu'auparauant par la vertu de ladicte Passion elle fut tellement liée qu'elle ne pouuoit pas tant nuire aux hommes comme elle souloit ne comme elle vouloit. Car le diable est lié & detenu iusques à certain temps auquel il sera deslié afin qu'il nuise plus fort par tentation & persecution pour plus grande purgation & probation des esleuz, & plus grande subucrsion & damnation des mauuais, car à la fin du monde : les bons serons parfaictement bons, & les mauuais parfaictement mauuais, selon ce qui escrit en l'Apocalipseau dernier chapitre. *Tempus prome est qui nocet & nocent adhuc, & qui in sordibus est sordebat adhuc, Et qui sanctus est sanctificetur adhuc.*

Le second signe des quatre precedens la fin du monde sera quand charité sera refroidie, car ainsi comment l'homme, lequel les philosophes appellent le petit monde, quand il se vieillist la chaleur naturelle refroidit en luy, & quand il vient l'heure de la mort elle deffaut du tout en luy. Pareillement est du grand monde, car tant plus il yra auant & qu'il approchera plus pres de la fin, charité qui est la chaleur de la vie spirituelle refroidira & finablement defaudra, pource que le monde ia prochain de la mort & de sa fin & terme sera froid par faute de charité, & se par faute de deuotion esquels deux choses consiste la conseruation de la vie spirituelle Or comme ainsi soit que nous voyonsla ferueur de charité estre presque estaincte, lumiere de deuotion & oraison estre presque seiche & tarie. Que pouuons nous autre chose dire sinon que la fin du monde approche ainsi que dit l'Apostre en l'Epistre qui escrit aux Hebrieux du huictiesme chapitre.

Quod enim ante quatur & sanscit prope z iteriu est

Et si aucun veut considerer comme on sert maintenant indeuotement & irreueramment à Dieu comme il est contemné & deshonoré & detestablement blasphame il verra que deuotion n'est pas seulement refroidie mais peut estre dict estaincte.

Quand au regard de la charité enuers son prochain, & comme elle est presque faillie appert euidemment car plusieurs qui sont tous nuds crient & si n'ont point aide, & plusieurs fameliques meurent de faim qui n'ont nul secours. La porte de pitié est close, lafontaine de compassion à clos ses ruisseaux, Pilleries & larrecins s'exercent sur les innocens lesquels n'ont aucune resistance, Foy est faillie entre plusieurs parens & amis. Ne reste fort que Dieu face son iugement sur ceux qui ont chassé & mis hors du monde charité & misericorde. Le tiers signe des quatre precedent la fin du monde sera quand toutes manieres de pechez & d'iniquitez seront au monde craincte de Dieu pest posé & arriere mise, quand il n'y aura verité misericorde ne pitié au monde mais toute tromperies, mensonge fallace.

Et que les homme s'aimeront d'vn amour priuée, & qu'il ne leur chaudra que de leur priué profit, de laquelle chose procedent tous vices, ainsi que de charité procedent toutes vertu : car les hommes & femmes auant la fin du monde seront conuoiteux esleuez & orgueilleux blasphemateurs du nom de Dieu inobediens à leurs parens & superieurs spirituels & corporels. Ils seront ingrats traistres detracteurs rebelles & sans paix. Ils aymeront plus leurs voluptez charnelles que Dieu. Ils seront pleins de toutes malice, d'auarice, de trahison, de fornication, d'ennie, d'homicide : de contumelies, & inuenteur des ces & peruerses inuentions, ainsi que d'escrit l'apostre en l'Epistre seconde, qu'il escrit à son disciples Thimothée.

Considerons en nous mesmes, & pensons selon la dicte verité, quels gens, & quel monde il court maintenant, & regardons si lesdictes choses sont presque point aduenuës & verifiées. Certes quand i'ay bien consideré i'ay grand peur que ouy, car auiourd'huy les pechez sont si grand qu'il n'est homme qu'il les sceust suffisamment escrire ne reciter Dieu par sa grace vueille amender son peuple & le face tourner & conuertir à vraie penitence. Le quart signe des quatre precedens le grand iugement general & la fin du monde en signe que le temps approchera au quel Dieu le createur voudra iuger son peuple, selon les demerites parties du monde, & entre toutes les creatures viuantes en iceluy

Car premierement selon la parolle denostre redempteur Iesus-Christ recite en sainct Mathieu au vingt quatriesme chapitre. Bataille se feront entre les hommes ennemys & aduersaires es vns des autres, par tout le monde. L'vn peuple s'esmouuera contre l'autre, & l'vn Royaume à l'encontre de l'autre, seditions, & tromperies & trahisons se feront és villes & citez entre les citoyens & habitans. Paix sera ostée de la terre. Les greigneurs hommes se leueront contre lees moindres: & contre eux mesmes. Les moindres contre les Greigneurs & contre eux mesmes l'vne cité se mouuera contre l'autre. L'enfant contre le vieillard ancien, Le paysant contre le noble, Le prince contre le subiect. Et du contraire le subiect contre son prince. L'vne reli-oncontre l'autre, il ny aura monastere ne college ou ny ait tumulte debat, commotion & seditiou. Et sera accomply ce qui est escrit en Hiermie au 9. chapitre. *Vnusquisque à proximo suo secustodat &c. que secuntur.*
C'est à dire vn chacun se donne garde de son prochain & n'ait fiance en son frere, car vn chacun soy disant amy cheminera lors frauduleusement, & l'vn frere se mocquera de l'autre, & ne parlera point de verité auec luy Il parlera paisiblement soubz couleur de paix auec son amy. Mais il luy mettra secrement ainsi lieuses essurgettes. Mesmement sera lors accomply ce que dit le prophete Micheas.
Garde toy de ta propre femme qui dort entre tes bras, car elle trahira lors son mary. Le

fils sera instruite & contumelié à son pere & la fille à sa mere

Les propres familiers seruiteur & domestiques de l'homme seront les ennemys car l'vn frere liurera l'autre à la mort, Le pere habandonnera son fils & le liurera à mort,

Les enfans s'esleueront contre leur peres & les poursuiuront à la mort. Et veritablement quand ladicte commotion sera au corps de la chose publique, se fera signe euident sur la fin du monde. Autres commotions seront és elemens, car deuant la fin du monde seront famine generalle, non pas en vne region seulement, mais par tout le monde generallement, car il y aura sterilité en la terre laquelle ne portera nul fruict ne autre chose necessaire pour la vie, Si grands Mouuement de terre se feront contre le commun cours de nature que plusieurs citez, tours & chasteaux en seront destruicts & abbatus. En la mer & aux fleuues y aura plus grandes tempestes & Commotions qu'au temps passé. L'air sera remply d'epidimies & d'infections dont viendront pestilences mortalitez & corruptions iunombrables, tant és hommes que esbeste, Tonnerres, corruscations & tempestes, vents & estourbillons seront plus impetueux qu'ils ne furent iamais tellement que les hommes seront redigez & constituez en merueilleuse craincte & perplexité. Et pource que comme dit est, saint Hierosme recite qu'il à trouué quinze signes speciaux precedens le grand iugement de Dieu: nous en parlerons icy par ordre. Mais à sçauoir si lesdicts signes, seront continuels sans quelques interruption, ou sil y aura quelques interualles entre iceux S. Hierosme ne la point exprimé ne declaré. ne les autres Docteurs n'en affermerent rien de certain mais le laissent & remettent en la volonté de Dieu le createur.

Enseignemens & aucteritez à tous estats.

QVi na d'autruy amy que de gendre
N. bestial que cheure à vendre
Voisin riuiere & aduocats
Il n'a gueres de bon soulas.

Parens sans amys   Amys sans pouuoir
Pouuoir sans vouloir   Vouloir sans fa[illegible]

Effect sans profit   Profit sans vertu
Ne vaut vn festu.   Persoune ignorante
Pourquoy en l'Eglise,   Sert Dieu en la guise
D'vn asne qui chante.
Mocquer autruy ou blasmer par vsage
D'estre inconstant, c'est signe de non sage.
Nul ne doit point louër, ou blasmer
Les faicts font l'homme tant qu'il est reclamé
Cuydant valloir, fol ne prise nulluy
Mais le sage doit presumer de luy.
  De me mocquer ne fut nullement
Car mocqueurs sont mocquez finablement
  Ce que Dieu donne à l'homme de nature
Estre ne peut de creature,
  Faire & parler à point est grand sagesse
Mais folie est, de trop grande largesse.
Peu nuist le taire mais par trop de langage
Maintes fois faict à son maistre dommage.
Comme bien peu grand dormir est sans songe
Pareillement grand parler sans mensonge.
  Le sage aduise qui parle ou combien
Ce que fol pense dit soudain mal ou bien.
Ouyr & voir soit & taire du tout
Garde de noise & nourrir paix par tout.
Homme plaideur est desmentir mescru
Quand il dit vray à grand peine est il creu.
  A celuy est bon renom veritable
Qui en ses dicts & faicts est veritable
Homme orgueilleux en cuider asfiché
Ne craint peril : car il est trop fiché.
  Humilité en tout homme bien fret
Plus se tient bas & plus bas on l'assiet
  Prudence apprend à viure par raison
La ou elle est heureuse est la maison
Il est Prudent qui au temps futur vise
Mais que pouoir à iceluy aduise
Le temps perdu on ne peut recouurer
Parquoy est bon quand temps est bien ouurer
  Iusques à la mort vit l'homme en esperance
Combien qu'à nul donne asseurance.
Soudainement fortune l'homme monte
Mais plus soudain le renuerse & demonte
Qui ne craindroit les hommes plus que Dieu
Infinis maux se feroient en maint lieu.
Qui trop haut monde tresbas chet bien souuent
Petites pluyes abbat soudain grand vents.
  Tres-heureux est celuy qui tient sa vie
En simple estat mais qu'il nait d'autre enuie
L'homme n'est pas riche par grand auoir,

Mais seulement par suffisance auoir
  Mieux vaut auoir peu & viure enioye
Que viure en dueil & auoir grand monnoye
Des biens mal acquis par aucun sentier
Neiouyra le troisiesme heritier.

FIN.

Chrestiens qui voulez la gloire
De Dieu eternelle auoir
Emploiez ey sens & memoire
S'il vous plaist, & pourrez sçauoir
Comme Antechrist viendra voir
Vers la fin de ce present monde.
Pour plusieurs ames deceuoir
Et damner en fosse profonde.
  En Babilone la cité
Vn paillard Iuifs, abominable
De luxure lors incité
Cognoistra comme Iuifs damnable
Charnellement sa propre fille
Dont naistra le faux miserable
Antechrist selon l'Euangile.
  Et combien que la maudicte
Lignée de dam sera extraict
Si aura pour sa conduicte
Vn bon Ange, l'autre imparfaict
Mais pour son damnable forfaict
Et nature trop miserable
Aux Diables sera son attraict
Delaissant son Ange sauuable.
  En deux citez nourry sera
Maudict est le fils de putain

Bethlaida se nommera
L'vne l'autre corrozain
rant du peuple malachitin
Comme des Babiloniens
Ce tesmoigne sainct Augustin
Et d'autres Docteurs anciens.

En Capharnaum regnera
De son aage d'adolescence
De pur or couronné sera
Par les folz de son alliance
Puis pour demonstrer sa puissance
Trois Rois chrestiens il occira
Sept autres par obeissances
Hommage prester leur fera
Lucifer fort l'exaltera
Le damné plein d'outrecuidance
Car mont sur mont tomber fera
Par diabolique puissance
Moth & Magoth à sa creance
Auec leur grand peuple tirera
Parquoy aura obeissance
Sur tous princes lors qu'il viura.

Par fauce predications
Beaucoup de peuple seduira
D'or & d'argent fera grands dons
Pourquoy chacun vers luy ira
Les images il destruira
Du crucifix & sainct & sainctes,
En vn moment seicher fera
Arbres & fleurs, par arts & fainctes.
Fainctement puis ressusciter

Fera mors & marcher sur terre,
Foudres tempestes inciter
Fuir beau temps, venir tonnerre
Et qui pis vaudra le faux lerre
Le feu sur luy fera descendre
Et sur ses apostats grand erre
Soy voulant comme Dieu comprendre.

Puis en Hierusalem viendra
Le faux desloyal seducteur
Ou chacun Iuif l'adorera
Pour Messias leur createur
Et adonc le traistre menteur
Luy mesme se circoncira
D'or & d'argent distributeur
Iamais ne fut tel qu'il sera.

Sesdicts apostats par le monde
Commandera aller prescher
Antechrist ou tout mal abonde

Pour les bons chrestiens empescher
Mais il luy coustera bien cher
Car en enfer trainé sera
On verra lors diable empescher
Et combatre qui mieux fera
Ceux qui ne voudront croire en luy
Et comme Messias l'adorer
Beaucoup de tourment & d'ennuy
Leur fera par martirer
Aux vns fera les yeux tirer
L'autre decoller l'autre pendre
Vif enterrer crucifier
Le corps fier, brusler en cendre
Et ce voyant Dieu mandera
Deux saincts Prophetes secourir
Tout chrestien qui gardera
Et voudra sa loy maintenir
L'vn sainct Enoch qui soustenir
La foy aux bons aidera
L'autre Helas qui pour mourir
De Dieu prescher ne cessera

Dont le faux traistre matin chien
Antechrist de dueil creuera
Le bourreau de Hierusalem
Tantost vers luy venu sera
Qui les prophetes tuera
En la place de la cité
Dont fort venger se pensera
Estre par sa crudelité
Trois iours apres ressusciteront
Les benoist saincts de mort à vie
Et deuant tous assisteront
Promettant la gloire infinie
A ceux la qui ne croiront mie
En cest abuseur mais en Dieu
Puis les Anges a chere lie
En paradis leur donneront lieu.

Si voudra lors faire le mort
Le tref desloyal abuseur
Trois iours contrefera le mort
Sans mouuoir ne membre ne cœur
Puis comme traistre abuseur
Faindra de mort ressusciter
Et qui dira que c'est erreur
Tost pourra sa vie quitter.

Pour plus son orgueil surmonter
Sur le mont d'oliuet ira
Et de par les Diables monter
Et porter en l'air fera

De Iesus-Christ contrefera
La glorieuse ascension
Pensez que fort l'adora
La Iudaique nation
Adonc mon seigneur sainct Michel
Archange prince de l'eglise
Le fera tost tomber du ciel
La sentence de Dieu promise
Sans le toucher mais en tel guise
Que tous les Iuifs qui le verront
Laid, deffait, puant sans feintise
Tres-grand horreur, alors auront
Insuportable punaisie
De la charongne partira
Du faux Antechrist qui sa vie
Auec lucifer conduira
A tousiours parquoy maudira
Le iour & l'heure qu'il fut né
Car d'vn tourment en l'autre yra
Sans cesser le fol obstiné,
Tous les diables le vindrent querre
Pour le porter en sepulture
Au fond d'enfer non pas en terré
Corps & ame c'est sa droicture
Dix millions par aduenture
De ses Iuifs l'accompagneront
Dedans le feu qui tousiours dure
Dont iamais n'en retourneront.

   Apres nostre doux createur Redempteur
Quand de son plaisir sera
Les quinze signe dont grand peur
Auront viuant lors mandera
Que tout ce monde finer deura & puis fera
Tous corps humains ressusciter
Maints Anges de Dieu sonnera
Et dira sus bout, sus bout morts.   Venité.

   Leuez morts venez assister
A vostre dernier iugement droictement
Vostre sentence escouter
Pensez que lors redouter & escouter,
Deura bien le pauure pecheur
Voiant Anges & sainct trembler par sembler
Le iuste transira de peur.
Pource chascun sa pauure vie desuie
Vueille de mal en bien tourner.
Afin que la vierge Marie
Prie son fils le fruict de vie
Qu'il nous vueille pardonner.
   Et puis apres nous donner sans finer.

Par la beniste passion
Paradis ou puissions mener demener
En luy nostre exaltation.

S'ensuyuent les quinze signes.

Av temps que Dieu iuger voudra
Comme tesmoigne l'escriture
Quinze signe demonstrera
A tous humaine creature
Premier outre la mer outre mesure
S'esleuera sur tous les monts
Comme vn mur haut en droicture
Se tiendra comme nous lisons:
   Apres le signe second
La mer se laissera tresbucher
En abisme si tres-parfond
Comme s'elle se voulsist musser
Et pour le vray reciter
Dedans le terre entrera
Si fort le voudra destourner
Qu'a peine voir on la pourra.
   Le tiers sera dur & amer
Car Baleines & grands poissons
Se apperont dessus la mer
Certans cris & horribles sons
Dieu qui sçait les secrets parfons
Si les entendra seullement
Bien douter doncques nous deuons
De Dieu le destroit iugement,
   Le quart signe mout perilleux
Et desguisé estrange sera
Car par feu grand & merueilleux
La mer & toute l'eaüe ardra
La flamme tout deuora
Et mettra tous poissons à mort

Vn tout seul n'en espera.
Qui se iour ne craint il à tort.
 Du quint sigues fort merueilleux
Arbres, herbes sueront
Courtes & roses merueilles
Comme sang puis s'assembleront
Tous oiseaux lesquels se tiendront
Sans iamais plus boire ne manger
Car l'ire de Dieu doubterons
Pecheurs seront en grand danger.
 Le sixiesme sera d'estrange guise
Et remply d'horribles terreur
Arbres chasteaux maisons, l'Eglise
Tresbucherons tout en vn iour
Adonc du firmament maiour.
Cherra tempeste, foudre & orage
Glorieuse vierge d'honneur
Que sera lors l'humain lignage.
 Le septiesme est de tel nature
Que lors dessoubs le firmament
Ny aura pierre tant soit dure
Qui ne se fende promptement
Puis heurteront tant fierement
Et si grand guerre se feront
Que horrible esbahissement
Sera à ceux qui les verront.
 Au signe huictiesme pour voir
Tant fort la terre tremblera.
Que rien viuans n'aura pouuoir
D'estre sur pieds, mais conuiendra.
Tous hommes & bestes qui sera
Lors du haut en bas tresbucher
Adonc vn chacun cherchera
Lieu pour en terre soy musser
 Au neufiesme s'esleneront
Les vents en si grand quantité
Que les monts & vaux tomberont
Mettant tout à equalité
Et pour vous dire verité
La terre sera vnie
Des monts la superfluité
Sera en poudre conuertie;
 Au dixiesme sortiront les gens morts
Qui s'estoient mussez en la terre
Et seront de leurs sens dehors
Sans parler ne point enquerre.
Esbahis seront pour la guerre
Qui brief mettra tout à declin
Bon faict mettre peine pour d'accorder.

La gloire qui dure sans fin,
 L'vnziesme iour les os des gens
Qui du siecle sont trespassez
Seront sur tous les monumens
Qui seront ouuerts & cassez
Illec seront tous amassez
Sans ce qu'ils puissent ressusciter
Pour leurs biens & maux passez
Deuant le grand iuge compter,
 Le douziesme iour les planettes
Et les estoilles au ciel posees
Cherront & apperront comettes
Merueilleusement enflambees
Toutes bestes lors assemblees
Seront sans manger & sans boire
Tels cris feront & tels huees
Que de semblable n'est memoire
 Le treziesme est à douter
Car tous ceux qui seront viuans
Mourront ce iour sans respirer
Hommes, & femmes, & enfans,
Afin que tous soient comparant
Deuant Dieu au grand iugement
Le quatoriesme iour merueilleux
Et dur par dessus tous sera
Car à ce iour tres-perilleux
Le ciel & la terre ardra
Feu & flambe consommera
Tous Elemens & bas haut
Toute chose redoutera
La sentence de Dieu qui ne faut
 Le quinziesme iour pour tous viuans
Terre & ciel renouuelleront
Puis incontinent sans delay
Tous humains ressusciteront
De toutes parts s'assembleront
Pour venir ouir la sentence
Du iuge que tant douteront
Pas ne doit rire qui y pense.

FIN

LE IVGEMENT

Ous qui voiez icelle pourtrai-
    cture,
Arrestez vous pensant profon-
    dement
Que Dieu le fils qui print no-
    stre nature
Viendra tenir l'extreme iugement
Arrestez vous considerant comment
Trouuer si faut ou net ou plain d'ordure
Pensez ses mots, viuez honnestement.
Et ne perdez le temps qui si peu dure,
Icy voiez la vierge tres benigne
Trosnes, vertus, tendans à Dieu les mains
Tout prest d'ouir la sentence diuine
Qui se doit brief donner sur les humains
La seront tous anges, sainrts & sainctes
La Cour celeste illec s'assemblera
Que ferez vo' pauures pecheurs mondains
Quand le plus iustes à ce iour tremblera.

   Qui esse las qui endurer pourra
L'ire de Dieu à tous pecheur patante
Chacun craindra quand la trompettes orra
Disant aux morts leuez vous sans attente
Ressuscitez à ceste heure presente
Laissez tombeaux, sepulchre & maison
Car deuant Dieu il faut qu'on se presente
Pour ouir droirt & entendre raison.
Est il humain tant fier ou courageux
Est-il Docteur tant remply de sience
Est il viuant homme si outrageux
Qui n'ait alors peur de sa conscience
Le iuge est prest de ietter la sentence
Les sergens prest pour tost executer
Que feras tu pecheur plein d'imprudence
Ou seras tu ce dur mort escouter

   Que te vaudront richesse, possessions
Du grand thresor dont procede tout mal
Que vaudront cy toutes recordations
D'auoir esté ou Pape ou Cardinal
Empereur, Roy, Duc, Conte, ou Admiral
Archepasteur, Prelat seigncuriant
Quand vn chacun peut estre principal
Voudroit auoir esté pur mendiant,
Au iugement que pourra proffiter
Estre Empereur, Baron ou Cheualier

Porter harnois combatre ou milliter
Ou presider, ou sçauant Conseiller
Ou estre abbé, ou prestre ou seculier
Archediacre, ou subtil orateur
Quand à ce iour le petit escolier
Sera plus seur que le plus grand docteur.

   Rien ny feront ceux qui ont des offices
Officiaux qui ont iugé des cas
Rien ny feront ceux qui ont des offices
Preuost, Baillifs, Procureurs, Aduocats,
Clers ou lettrez qui menant grãds effects
Serons illec tous despourueuz de sens
Car à ce iour nul n'aura sesoptats
Sinon les bons, les purs, & innocens,

   Religieux, Medecins confesseurs
Du mendians, vagans parmy le monde
Seront alors de tourmens possesseurs
S'ils n'ont tenu leur conscience nette
Nul en estat trop auant ne se fonde
Peruertissant iustice & verité
Car tost acquiert damnation profonde
Qui ne maintient les reigles d'equité,

   Ceux qui doiuent des ames conte rendre
Faire Sermons, prescher ou corriger
Soustenir droirt, condamner ou iuger
Nesçais comment ils se pourront iuger
S'ils ont forfaict touchant leur entreprise
Car celuy veut son ame mal loger
Qui quier estat & la charge despise
Mondain oisif tu ne sçais que tu brasses
Quand veux honneur & la bourse garnie
Sçiches de vray que quand homme embrasses
Auec honneur la charge y est vnie
L'ambitieux plein de contumelie
Nesçait qu'il faict quand en hautesse monte
Bon est le cœur qui vers Dieu s'humilie
Puis qu'en la fin il conuient rendre compte.

   Considerons que puis vingts ans passez
En diuers lieux & plusieurs regions
De tous estats sont morts & trespassez
Grands & petits par cens & millions
A ces propos, dansons, chantons, & rions
Mettons deduit sans crainte ne remors
Sonnons tambours, harpes, psalterions
En vn moment les plus fors seront mors
Fors punaise & pasture à vers
Si deuons bien au cœur auoir vergongne
D'aimer richesse ou vestement diuers
Mal se cognoist l'ambitieux peruers

Cuidant icy faire longue demeure
Quand la mort vient qui le iette à reuers
Si tressubit que nul ne cognoist l'heure
  On voit à l'œil la grand abusion
Des amateurs du monde miserables
Quand pour vn peu de delectation
Faut endurer supplice perdurable
Prise qui veut puissance profitable
Auoir amis, seigneurie ou science
Mais moy ie tiens ce mot pour veritable
Qu'il n'est thresor que bonne conscience.
Dieu tout puissant de grace omnipotente
Crea iadis nostre humaine nature
De franc arbitre & de pleure contente
A qui suffrit sa simple nourriture
Ie puis iuger folle la creature
Qui faict amas par desir indecent
Plus qu'il n'en faut pour en nourrir vn cent.
Quant conscience au cœur l'homme remort
Sçacchez qu'il à guerre soir & matin
Mais en paix vit qui bien pense à la mort
Rememorant que n'auons nul demain
Or y entens que c'est estat mondain
Nous appetons plaisance corporelle
Le temps est court le plaisir est soudain
Garder nous faut souffrir mort eternelle
  Ne cuidez point que l'ame aye finement
Croire ne faut tant folle opinion
Car l'ame vit interminablement
Pour receuoir gloire ou punition
N'ayez aussi telle estimation
Que tout soit vn apres le iugement
Chacun aura sa retribution
Gloire aux bons, les mauuais en tourment,
Les bons, qui ont endurer maint forfaict
Seront vengez payez & guerdonnez
Et ceux qui ont en leur charge meffaict
Seront iugez punis & condamnez
Ceux qui se sont follement gouuernez
Ou en peché ont du tout mis leur temps
Tourment sans fin leur sont precordonnez
S'il n'ont esté confés & repentans,
Bons & mauuais il faut que comparez,
Au iugement deuant la deité
Les bons seront des mauuais separez.
Pour escouter ce qu'ils ont merité
car deux mots Ité & venité
Prononcera sentence irrefragable
Venez les bons viure en felicité

Allez mauuais en peine intolerable
O le pur mot, ò sentence terrible.
Ce diront lors les ames condamnées
Aller nous faut en feu dur & horrible
Las cent fois las pourquoy fusmes nous né
Nous auons eu ioye moment années
Or auons nous ardeur sans finement
Car cent mille ans & autant de iournées
Au feu d'enfer n'est que commencement.
  Pour euiter ceste sentence dure
Soions deuots & vertus maintenons
De iour en iour au iugement pensons
Et à la mort qui vient soudainement
Honorons Dieu iamais ne l'offensons
Obeissons à son commandement.
Le createur veut l'homme tant aimer
Qui luy a ia noble don ordonné
Ciel & Soleil. Estoilles terre & Mer
Tout est pour l'homme, & Dieu est pour
Serue celuy qui la fait & formé [l'homme né
Merciant Dieu de sa largitation
Ou autrement tout ce que i'ay nommé
Redondera à sa punition.
  Reste cy apres qu'il conuient mediter
A par fournir œuure de charité
A son prochain bonnemen profiter
Tant de ses biens que d'examplarité
Aimer les bons tenir fidelité
Corriger ceux qui vont en chemin oblique
Fuir barat soustenir verité
Aimer le bien de la chose publique.
  Ne profanons l'estat que Dieu nous donne
Et notablement en l'estat de l'Eglise
Vous nobles gens selon que Dieu ordonne
Gouuernez vous laissant mauuaise guise
Bourgeois? Moines, & gens de marchandise
Tenez raison, viuez par ordonnance
Fuiez orgueil luxure conuoitise
Car tout sera pesé à la balance
Oy siueté à tous vice s'accorde
Si la deuons fuir diligemment
Et exercer pitié, misericorde.
Faisant aumosne & donnant largement
Car de cela tiendra son iugement
Dieu tout puissant contre les conuoiteux
Et punira leur offence griefuement
Remunerant les larges & piteux.
  Des pauures gens aions compassion
Et leur aidons en leur necessité

R̃ confortons par visitation
Les langoureux qui ont enfermeté
Pas ne suffit auoir affinité
A ces prochains, on aimes ses amis
Mais faut auoir tant ferme charité
Qu'on doit aussi aymer ses ennemis.
Pensons souuent à la celeste gloire
Precogitant à nostre mort prochaine
Le iugement soit tousiours en memoire
Et n'oublions d'enfer le dur domaine
Qui bien y pense y fait œuure vilaine
Comme iadis le sage l'exprima
Disant à tous, O creature humaine
Memorate semper nouissima

Prions à Dieu qu'il nous donne la grace
De tousiours mais en vertu profiter
Fuir peché repudier fallace
Faire le bien & le mal cuiter,
Et tellement nuit & iour resister
A l'ennemy, qui nuist couuertement
Que nous pussions seurement assister
Auec les saincts au iour du iugement.

Dictions & prouerbes de la mort.

Iesus est mort, & tout mourra (meure
Ihorible est mort, puis qu'il faut que tout
Rien que bien fait apres mort ne demeura
Tous nous mourons, & riens ne demoura
Il faut bien penser à la mort
Auiourd'huy sain & demain mort
Mourir conuient c'est tout certain
Chacun iour la mort nous assaut.
Et si n'auons point de demain
Elle prent chacun en sursaut.

N'otons que la mort naturelle
N'est que laisser ce mortel monde
Pour aller en gloire eternelle
Ou la beatitude abonde.

Ou est maintenant hippocrate
Auincenne, & Galien,
Tant n'ont sçeu boire d'hypocras
Que de mort n'ayent passé le pas.
Maintenant ne disent plus rien

Mort destruit tout c'est son vsage
Aussi tost le grand que le moindre

Qui moins se prise plus est sage
En la fin faut venir cendre.

Mourir faut mais quand ou comment
N'en quel lieu on ne sçait pas
Dieu qui le sçait seulement
Mort suit l'homme pas apres pas

Vn chacun doit la mort attendre
Patiemment & de bon cœur
Mais peu le veulent apperceuoir
Haut estat n'est pas le plus seur

Trop haut monter n'est pas sçauoir
A Dieu de ses biens graces rendre
Haut estat trompent gens sans nombre.
A haut monter le fais encombre.

Pensez de l'ame qui desire
Repas ne vous chaille point tant
Du corps qui tousious empire
Tous faut mourir, on ne sçait quand
Doncques hommes ne fut si fort
Qui ne fust subiect à la mort
Gardez vous de trop embrasser
Vous qui viuez mondainement
Se voulez bien trespasser:
On s'aduise tard en mourant.

Sage n'est pas la creature
D'aimer les biens qui demeurent
Au monde, & sont siens de droicture
Ceux qui plus ont, plus enuis meurent.

En rien plus ne se faut fier
Et qu'est-ce desfaicts de ce monde:
Huy tire, demain l'armoyer
La fin de ioye en dueil redonde

Se on à vne ioy euseté
Il vient apres qu'inze douleurs
Pource vn bien double aduersité
Plaisir mondain finist en pleurs.

Prendre en gré nous faut c'est le mieux
Aussi tost meurt ieune que vieux
Il n'est rien de chose plus seure
Que la mort que chacun endure.

Rien n'est plus certain que la mort
Mais incertain est son effort
Helas regarde à ton trespas
Que tournera en pourriture
Car la mort te suit pas à pas
Pource cognois ta creature

FIN.